Leo Tanner

Evangelisieren ja - aber wie?

Leo Tanner

Evangelisieren ja - aber wie?

Ein Weg in sechs Schritten

Fromm Verlag

Impressum / Imprint
Bibliografische Information der Deutschen Nationalbibliothek: Die Deutsche Nationalbibliothek verzeichnet diese Publikation in der Deutschen Nationalbibliografie; detaillierte bibliografische Daten sind im Internet über http://dnb.d-nb.de abrufbar.

Bibliographic information published by the Deutsche Nationalbibliothek: The Deutsche Nationalbibliothek lists this publication in the Deutsche Nationalbibliografie; detailed bibliographic data are available in the Internet at http://dnb.d-nb.de.

Verlag / Publisher:
Fromm Verlag
ist ein Imprint der / is a trademark of
AV Akademikerverlag GmbH & Co. KG
Heinrich-Böcking-Str. 6-8, 66121 Saarbrücken, Deutschland / Germany
Email: info@frommverlag.de

Herstellung: siehe letzte Seite /
Printed at: see last page
ISBN: 978-3-8416-0373-9

Evangelisieren ja – aber wie?

Ein Weg in sechs Schritten

Inhaltsverzeichnis

Einführung

Zehn Jahre nach dem 2. Vatikanischen Konzil verfasste Papst Paul VI. 1975 eine Enzyklika zum Thema «Evangelisierung in der Welt von heute», «Evangelii nuntiandi». Das Schreiben nimmt Bezug auf eine konkrete Situation der Kirche und Gesellschaft. Dass dieser Text nach wie vor aktuell und grundlegend ist, zeigt sich darin, dass die Deutsche Bischofskonferenz in ihrem Schreiben «Zeit zur Aussaat. Missionarisch Kirche sein» vom 26. November 2000 im Wesentlichen Bezug auf dieses Dokument genommen hat.

Ein neueres kirchliches Dokument zu dieser Thematik: «Lehrmässige Note zu einigen Aspekten der Evangelisierung» vom 3. Dezember 2007, herausgegeben von der Kongregation für die Glaubenslehre, weist darauf hin, dass heute «vielen Gläubigen das eigentliche Ziel der Evangelisierung nicht klar» (10) sei. Auch wenn Evangelisierung den ehrlichen Dialog beinhalte, der die Argumente und Empfindungen des Anderen zu verstehen suche (vgl. 8), so gehe es jedoch nicht nur darum mitzuhelfen, dass die Menschen bessere Menschen oder bessere Gläubige ihrer Religion seien, denn: «Auch wenn die Nichtchristen durch die Gnade, die Gott schenkt auf Wegen, die er weiss, gerettet werden können, kann die Kirche doch nicht unbeachtet lassen, dass ihnen in dieser Welt ein überaus hohes Gut fehlt: die Erkenntnis des wahren Antlitzes Gottes und die Freundschaft mit Jesus Christus, dem Gott–mit–uns. Denn, es gibt nichts Schöneres, als vom Evangelium, von Christus gefunden zu werden. Es gibt nichts Schöneres, als Ihn zu kennen und anderen die Freundschaft mit Ihm zu schenken.»

Für jeden Menschen ist die Offenbarung der grundlegenden Wahrheiten über Gott, über sich selbst und über die Welt ein hohes Gut; in der Dunkelheit, ohne die Wahrheit über die letzten Fragen zu leben, ist hingegen ein Übel, das oft Leiden und manchmal dramatische Formen der Sklaverei verursacht. Darum schreckt der heilige Paulus nicht davor zurück, die Bekehrung zum christlichen Glauben zu beschreiben als Befreiung von *‚der Macht der Finsternis'* und Aufnahme *‚in das Reich seines geliebten Sohnes. Durch ihn haben wir die Erlösung, die Vergebung der Sünden' (Kol 1,13-14)»* (7).

Aktualisiert wird das Thema «Evangelisierung» durch die Weltbischofssynode in Rom im Oktober 2012 mit dem Thema: «Die Neuevangelisierung zur Weitergabe des christlichen Glaubens.» Im Vorbereitungsdokument zur Bischofssynode steht, dass die neue Evangelisierung aus dem Mut komme, angesichts der gewandelten Voraussetzungen «neue Wege» in der Verkündigung des Evangeliums zu wagen. «Die neue Evangelisierung ist das Gegenteil der Selbstgenügsamkeit, des Sich-Zurückziehens auf sich selbst, der Mentalität des Status quo und einer pastoralen Konzeption, die es für ausreichend erachtet, dass alles so weiterläuft, wie man es bisher gemacht hat. Das 'business as usual' reicht heute nicht mehr.»

Dazu will dieser Schulungsweg einige Impulse vermitteln. Dabei ist klar, dass es eine Vielzahl von Wegen gibt, mit Jesus Christus in eine persönliche Beziehung zu treten. So ist z. B. Kunst (Architektur, Musik, Liturgie,...) ebenfalls eine Sprache, welche von Gott spricht und Herzen berührt.

Hier werden nun in sechs Kapiteln Impulse ausgeführt, die einen Weg aufzeigen, wie Evangelisieren praktisch vor sich gehen kann. Diese Impulse werden durch das zum Weg dazugehörende Praxisheft[1] und die Kursunterlagen[2] ergänzt. Auch wenn die Kapitel einem inneren Wegprozess folgen, werden sie sich kaum so, Schritt für Schritt ereignen. Sie wollen vielmehr die verschiedenen Aspekte beleuchten, die zur Evangelisierung gehören und Hilfen geben, diese umzusetzen. Dabei wird offenbar werden, dass diese Aspekte zum Wachstum in der Liebe und den christlichen Lebenshaltungen hinführen. Somit

---

[1] «Evangelisieren ja – aber wie? Praxisheft». Siehe: www.weg-verlag.ch

[2] «Evangelisieren ja – aber wie? Schulungsunterlagen mit Videos» Siehe: www.weg-verlag.ch

wird dieser Weg zuerst zu einem Gewinn für diejenigen, die sich darauf einlassen.

Dazu wünsche ich Ihnen die Inspiration des Heiligen Geistes und viel Freude!

Leo Tanner

Zur Situation des Christentums

Wenn das Herz fehlt…

Die Situation vieler Kirchenmitglieder[3] kann vereinfacht so beschrieben werden: Als Kind empfingen sie die Taufe. Dann lernten sie von den Eltern einige Gebete und hörten von Jesus. Im Religionsunterricht ging die religiöse Erziehung weiter. Vieles verstanden sie nicht. Aber sie taten es einfach wie alle anderen. So gingen sie zur Erstkommunion und empfingen die Firmung (oder Konfirmation).

Viele empfanden den christlichen Glauben nicht als Hilfe zu einem befreiten Leben, sondern als Einengung und Druck. Man «sollte» oder «musste» zur Kirche gehen. Sobald es die Situation erlaubte und ermöglichte, löste man sich von dieser «lästigen» Pflicht. Vielleicht ging man noch dann und wann in einen Gottesdienst, aber mehr wegen bestimmten Menschen als aus persönlicher Freundschaft mit Jesus. Das führte dazu, dass viele nicht nur der Kirche, sondern auch Jesus den Rücken zukehrten.

Ist das aber wahr? Kehrten sie der wirklichen Kirche und dem wirklichen Jesus den Rücken zu, oder wandten sie sich von einem verfälschten Bild ab? Was ist da verkehrt gelaufen?

Vielleicht trifft das zu, was im Frühjahr 2004 der jetzige Papst Benedikt XVI. in einem Interview sagte: «Das Christentum erscheint heute wie eine alte Tradition, die von alten Geboten belastet wird, etwas, das wir schon kennen und das uns nichts Neues sagt …». Wolle man aber den christlichen Glauben verstehen und als Quelle der Freude erleben, dann sei es «entscheidend, an diesen grundsätzlichen Punkt» einer persönlichen Christusbeziehung zu

---

[3] Gott sei Dank gibt es auch andere Erfahrungen, wo seit Kindheit der christliche Glaube als Freundschaft erfahren wird. In der folgenden schablonenhaften Darlegung wollen wir eine gewisse Grundstimmung darlegen.

gelangen. «Wenn jemand diesen wesentlichen Mittelpunkt findet, dann versteht er auch die anderen Dinge; aber wenn dieses Ereignis, das das Herz berührt, nicht stattfindet, bleibt alles andere nur eine Last, fast eine Absurdität.»

Das Wichtigste ist nicht geschehen. Viele Menschen wurden nicht berührt von der Liebe Gottes. Sie haben Gottes Liebe und Gottes Freundschaft nicht als Geschenk erfahren. Durch die religiöse Erziehung und den Empfang der Sakramente wurde das Herz der Einzelnen (noch) nicht berührt und entzündet. Viele wurden «sakramentalisiert», aber nicht «evangelisiert». Doch Christsein heisst nicht, Gebete, Formen und Riten einzuhalten, sondern in einer Freundschaft, in einer persönlichen Beziehung mit dem lebendigen Gott zu leben.

Eine unbestimmte Sehnsucht

Wo diese Freundschaft mit Gott, wo diese persönliche Beziehung mit Gott fehlt, kann im Menschen eine Leere zurückbleiben. Es ist eine Art Mangel, der sich darin zeigt, dass der Mensch immer nach etwas sucht; der Durst nach Liebe, nach Sinn, nach Hoffnung, nach Glück, nach Freude, Durst nach so vielem. So suchen viele das ganze Leben lang nach irgendetwas, was sie vielleicht gar nicht genau kennen. Zuinnerst sehnen sie sich nach beständiger Geborgenheit, nach Verlässlichkeit, nach bedingungsloser Annahme und totalem Verstandensein von einem grösseren Du. Sie sehnen sich nach einem Leben mit Zukunft, Freiheit und Freude.

Damit verbunden bewegt die Menschen die Frage ihrer Identität: Wer bin ich? Diese Frage bricht oft dann auf, wenn Menschen Verletzungen in ihrer Identität erfahren. Da lässt die Botschaft des Evangeliums, dass der Mensch – trotz allen Verletzungen und Verunstaltungen – als wunderbares Abbild Gottes (*vgl. Gen 1,27)* geschaffen sei und er in Jesus Christus eine unzerstörbare Identität und Würde als Kind Gottes habe, aufatmen.

Auch Augustinus spricht in seinen Bekenntnissen von dieser Sehnsucht des Menschen: «Unruhig ist unser Herz, bis es ruht in dir, o Gott». Diese Sehnsucht des menschlichen Herzens ist nicht immer offenkundig. Oft ist sie tief verborgen und wird von einem oberflächlichen und geschäftigen Leben wie mit Schutt und Geröll überdeckt.

Allerdings gibt es heute nicht wenige Menschen, die sagen, dass ihnen nichts fehle. Sie suchen nicht nach «Mehr» und so auch nicht nach Gott. Sie sind zufrieden mit dem, was sie haben.

Andere jedoch sind auf der Suche nach einer umfassenden, ja ewigen Liebe, nach einem den Tod überdauernden Sinn und nach der eigenen Identität. Gott möchte mit Seiner Liebe bei jedem Menschen ankommen und ihre Herzen erfüllen. Davon spricht Jesus zur Samariterin: *«Wer von diesem Wasser* (Brunnenwasser) *trinkt, wird wieder Durst bekommen; wer aber von dem Wasser trinkt, das ich ihm geben werde, wird niemals mehr Durst haben» (Joh 4,13-14).* Und zu den Volksscharen, die Ihn nach der Brotvermehrung suchen, sagt Jesus: *«Ich bin das Brot des Lebens; wer zu mir kommt, wird nie mehr hungern, und wer an mich glaubt, wird nie mehr Durst haben» (Joh 6,35).*

Folgen für die Mitglieder der Kirche

Wir erleben es heute, dass bei vielen Kirchenmitgliedern der christliche Glaube verdunstet und sich mit verschiedenen anderen religiösen Vorstellungen vermischt. Zurück bleibt dann oft nur noch eine Fassade des Christlichen.

Ebenso wird der innere Gehalt der Sakramente oft nicht mehr verstanden und auch nicht mehr gesucht. Dann kann es vorkommen, dass Erstkommunion auch schon Letztkommunion ist, dass die Firmung den Schlusspunkt des kirchlichen Lebens bildet, dass Taufeltern «religiös unbeteiligte Zuschauer» bleiben, und dass die Beerdigung als Tür zur Reinkarnation angesehen wird.

Das zeigt: Bei der Evangelisierung geht es heute nicht nur darum, Nichtchristen für Jesus Christus zu gewinnen.[4] Es geht ebenso – oder noch mehr – darum, bereits getauften Kirchenmitgliedern die Schätze des Glaubens zu erschliessen. Dies wird noch deutlicher, wenn wir einen Blick auf die Glaubenssituation der bereits Getauften werfen.

Nach einer im Jahr 2011 durchgeführten Untersuchung[5] besuchen an einem normalen Sonntag noch 4% der katholischen Kirchenmitglieder in der Schweiz den Sonntagsgottesdienst. Nach einer pastoralsoziologischen Untersuchung lassen sich die Mitglieder der katholischen Kirche in der deutschsprachigen Schweiz (in anderen Ländern Europas wird es ähnlich sein) in fünf Kategorien einteilen[6]. Die Zahlen sind von 1999, diejenigen in Klammer von 1989, was die Tendenz in diesen Jahren, die vermutlich bis heute ähnlich weitergegangen ist, aufzeigt.

1. Entschiedene Christen 11,7% (17,9%): Damit sind diejenigen Personen gemeint, die sich eng an den von Evangelien und der Kirche vorgegebenen Weg anschliessen. Sie lehnen ausserchristliche Vorstellungen ab. Die Zahl dieser Personen sinkt zurzeit fortlaufend unter 10 % der Kirchenmitglieder.

2. Synkretische Christen 30,2% (27,4%): Diese Personen fühlen sich als Christen und übernehmen im Grossen und Ganzen christliche Vorstellungen. Doch in ihr Glaubensbild und in ihre Glaubenspraxis fliessen auch ausserchristliche Vorstellungen ein wie z. B. der Reinkarnationsglaube und andere spirituelle und esoterische Praktiken. Zu dieser Gruppe gehören inzwischen ca. ein Drittel aller Kirchenmitglieder.

---

[4] Die Zahl der Konfessionslosen hat sich in der Schweiz in der Zeit von 2000 bis 2010 gemäss der von Bundesamt für Statistik am 19. Juni 2012 veröffentlichten Zahlen fast verdoppelt und lag im Jahre 2010 bei 20,1 Prozent.

[5] Studie des Nationalen Forschungsprogramms «Religionsgemeinschaften, Staat und Gesellschaft» (NEP 58) , zitiert nach: Schweizerische Kirchenzeitung 38/2011

[6] Zweite Sonderfallstudie des Schweizerischen Pastoralsoziologischen Institutes von 1999, zitiert nach: Schweizerische Kirchenzeitung 14-15/2007

3. Neureligiöse 20,1% (15,4%): Diese Menschen beziehen sich nicht mehr auf den christlichen Glauben. Doch glauben sie an eine Art «höhere Macht», öffnen sich übersinnlichen Kräften aus dem Universum und gehen von einem einzigen Kreislauf zwischen Menschen, Natur und Kosmos aus.

4. Religiöse Humanisten 27,2% (29%): Diese Menschen sind offen für verschiedene Deutungen einer «höheren Macht». Wichtiger als die Deutung dieser Macht sind ihnen jedoch die humanistischen Perspektiven von «Solidarität und Gleichberechtigung unter allen Menschen».

5. Areligiöse 10,8% (10,3%): Sie interessieren sich nicht für ein «höheres Wesen» und bezeichnen sich selbst als «unreligiös».

Kommt noch dazu, dass die Zahl jener, die sich als *Konfessionslose oder Atheisten* bezeichnen, stetig wächst. Heute gehören über 20 % der Schweizerbevölkerung dieser Gruppe an. In anderen Ländern, z. B. den Menschen aus den «neuen Bundesländern», die weitgehend atheistisch aufgewachsen und erzogen worden sind, liegt der Anteil höher.

Herausforderung und Chance

Ein solcher, ehrlicher Blick auf Kirche und Gesellschaft zeigt, dass wir im Westen – wie die Bischöfe von Deutschland vor einigen Jahren schon sagten – ein Missionsland geworden sind. Doch ist uns dies bewusst? Oder denken und handeln wir in der Kirche noch in einer Weise, als ob wir noch eine – zwar nicht mehr in allem intakte – Volkskirche wären?

Während die Volkskirche den christlichen Glauben in ihren Mitgliedern *als gegeben voraussetzt,* ist der Glaube im Missionsland *neu zu verkünden.* Damit ändert sich die Perspektive grundlegend. Es geht darum bereits Getaufte zu evangelisieren und neue Mitglieder zu gewinnen.

Die französischen Bischöfe haben 1996 einen Brief an die Katholiken ihres Landes mit dem Titel «Proposer la foi dans la société actuelle» (1996) geschrieben. Darin heisst es unter anderem: «Wir müssen das Geschenk Gottes unter neuen Bedingungen annehmen und zugleich das Anfangsgeschehen der Evangelisierung wiederentdecken: das einfache und entschlossene Anbieten des Evangeliums Christi.» Der Ausdruck «Proposer la foi» wird in der offiziellen deutschen Ausgabe übersetzt mit «Den Glauben anbieten in der heutigen Zeit». Er kann aber auch mit «Den Glauben darlegen» oder «Den Glauben vorstellen» wiedergegeben werden.

Durch die Erfahrungen in den vergangenen gut 10 Jahren wurde dieser Ansatz dahingehend weitergeführt, dass heute viel von einer «Pastoral der Zeugung[7]» gesprochen wird. Das heisst: Das Anbieten des Glaubens muss die Neugeburt in Christus anzielen, die einer Zeugung entspricht. Es geht also vor allem darum, jedem Menschen jene Bedingungen anzubieten, welche eine persönliche Begegnung mit Christus ermöglichen.

Wenn der Glaube in neuer Weise und in eine neue Situation hinein *gezeugt* werden muss, dann müssen neue «Zeugungsarten» und «Zeugungswege» Schwerpunkte einer evangelisierenden pastoralen Praxis werden. Das setzt grundlegend neue Wege der Glaubenseinführung und neue Strategien voraus. Aber all dies nützt nichts, wenn nicht vorgängig in uns selber ein radikales, das heisst an die innerste Wurzel gehendes Umdenken stattgefunden hat.

---

[7] Vgl. dazu Marc Donzé in Schweizerische Kirchenzeitung 9 und 10/2008.

Erster Schritt: Die eigene Motivation stärken – das Herz öffnen

Das Evangelium ist der grösste Schatz, welcher der Menschheit anvertraut ist. Selbst erfüllt vom Glück des Evangeliums, kann die Kirche nicht anders, als diesen Schatz weiter zu geben. Doch in der heutigen Situation ist dies schwieriger geworden, denn Evangelisieren oder Missionieren stösst eher auf Ablehnung als auf Begeisterung. Deshalb wollen wir in drei Aspekten der Frage nachgehen, was die Motivation zum Evangelium fördern kann.

1. Die eigene Motivation stärken

Jesus sagt: *«Denn der Menschensohn ist gekommen, um zu suchen und zu retten, was verloren ist» (Lk 19,10).* Jesus erkennt in der Suche der verlorenen Menschen Seine Sendung. Verlorenheit kennt viele Aspekte. «In der gegenwärtigen Stunde, in der so viele Menschen in vielerlei Arten von Wüsten leben, vor allem in der Wüste des Gottesdunkels, der Entleerung der Seelen, die nicht mehr um die Würde und um den Weg des Menschen wissen, hat Papst Benedikt XVI. der Welt in Erinnerung gerufen: ‚Die Kirche als Ganze und die Hirten in ihr müssen wie Christus sich auf den Weg machen, um die Menschen aus der Wüste herauszuführen zu den Orten des Lebens – zur Freundschaft mit dem Sohn Gottes, der uns Leben schenkt, Leben in Fülle.'»[8]

Was heisst verloren? Der evangelische Pfarrer Jörg Zink weist auf eine weitere Bedeutung von Verlorenheit hin: Ein Pfennig, der unter dem Schrank liegt, ist verloren, weil ihn dort keiner sucht. Ein Ring, der von einer Brücke in einen Fluss fällt, ist verloren, weil das Wasser über ihn hinweg strömt und der Sand ihn zu spült und es sich nicht lohnt, ihn dort zu suchen. Das ist

[8] Aus: Lehrmässige Note zu einigen Aspekten der Evangelisierung (10)

entscheidend: Es lohnt sich nicht. Es ist zu mühsam. Jörg Zink weist weiter darauf hin, was ein verlorener Mensch empfindet: «Man hat mich aufgegeben. Es lohnt sich nicht mehr, nach mir zu suchen. Ich bin nicht wichtig. Mich braucht es nicht mehr. Mich kann man vergessen. Es geht auch ohne mich.»

Wenn Jesus kommt, *«um zu suchen und zu retten, was verloren ist»,* geht es Ihm vor allem um die Menschen, die sich als *«verloren»* und wertlos empfinden. Ihnen geht Jesus nach. Ihnen will Er durch Tat und Wort zeigen, dass sie Gott am Herzen liegen, dass sie Gott wichtig sind.

Darum durchbricht Jesus die Vorurteile Seiner Zeit. Er geht zu Betrügern, den Armen, den Prostituierten, den Schmutzigen. Er geht zu denen, die unrein leben und von denen man sich distanzieren muss. Er geht zu denen, die in den Augen der Gesellschaft Gott nicht wichtig sind. Er geht zu ihnen, isst mit ihnen, um ihnen zu zeigen, dass gerade sie Gott wichtig sind, dass Gott gerade ihnen Seine Freundschaft schenken will.

Die neue Sicht

Das Verhalten Jesu und diese neue Sicht stossen auf Ablehnung. Besonders bei den Gebildeten, den Pharisäern, Schriftgelehrten und Sadduzäern. Sie meinen zu wissen, wer Gott wichtig ist und wer nicht. Sie haben ihre eigene Beurteilungsliste. Auf dieser haben diese «verlorenen» Menschen keinen Platz. Für sie ist klar, dass Gott diese abgeschrieben hat.

Jesus ist bestürzt und traurig über die festgefahrene und falsche Sichtweise dieser Menschen. So will Er ihnen klarstellen, wer Gott wichtig ist. Damit in diesem entscheidenden Punkt keine falschen Vorstellungen mehr umhergeistern, erzählt er drei Gleichnisse mit demselben Inhalt.[9]

---

[9] Es sind die Gleichnisse: Vom verlorenen Schaf, der verlorenen Drachme und dem verlorenen Sohn, in Lukas 15.

Die Einleitung zu den drei Gleichnissen lautet: *«Alle Zöllner und Sünder kamen zu ihm, um ihn zu hören. Die Pharisäer und die Schriftgelehrten empörten sich darüber und sagten: Er gibt sich mit Sündern ab und isst sogar mit ihnen» (Lk 15,1-2).* Dann erzählt Jesus das Gleichnis vom verlorenen Schaf: *«Wenn einer von euch hundert Schafe hat und eins davon verliert, lässt er dann nicht die neunundneunzig in der Steppe zurück und geht dem verlorenen nach, bis er es findet? Und wenn er es gefunden hat, nimmt er es voll Freude auf die Schultern, und wenn er nach Hause kommt, ruft er seine Freunde und Nachbarn zusammen und sagt zu ihnen: Freut euch mit mir; ich habe mein Schaf wiedergefunden das verloren war. Ich sage euch: Ebenso wird auch im Himmel mehr Freude herrschen über einen einzigen Sünder, der umkehrt, als über neunundneunzig Gerechte, die es nicht nötig haben, umzukehren» (Lk 15,4-7).*

Das zweite Gleichnis handelt von der verlorenen Münze: *«Oder wenn eine Frau zehn Drachmen hat und eine davon verliert, zündet sie dann nicht eine Lampe an, fegt das ganze Haus und sucht unermüdlich, bis sie das Geldstück findet? Und wenn sie es gefunden hat, ruft sie ihre Freundinnen und Nachbarinnen zusammen und sagt: Freut euch mit mir; ich habe die Drachme wiedergefunden, die ich verloren hatte. Ich sage euch: Ebenso herrscht auch bei den Engeln Gottes Freude über einen einzigen Sünder, der umkehrt» (Lk 15,8-10).*

Und das dritte Gleichnis *«vom verlorenen Sohn»* spricht in ähnlicher Weise *(vgl. Lk 15,11-32).* Auf drei wesentliche Aspekte wollen diese Gleichnisse hinweisen[10].

1. Etwas Kostbares fehlt

Das vermisste Schaf war für den Hirten sehr wichtig. Es war ein Teil seines

---

[10] Vgl. dazu auch: Bill Hybels & Mark Mittelberg: Bekehre nicht – lebe! So wird Ihr Christsein ansteckend. S. 21-29. Projektion J Verlag. 1. Auflage 1995.

Lebensunterhalts. Die Frau war auf die verlorene Münze angewiesen. Vielleicht war sie eine Witwe, und was sie verloren hatte, war ein Zehntel ihres Vermögens. Wie viel ein Sohn dem Vater, der eigenen Mutter wert ist, versteht sich von selbst.

Es kann verschiedene Gründe geben, warum etwas oder jemand verloren wurde. Die Botschaft des Gleichnisses geht vom Faktum des Verlorenseins aus. Es zeigt, dass Gott gerade auf das Verlorene, auf die Verlorenen Sein Augenmerk richtet. Sie sind Gott wichtig.

2. Aller Mühe wert

Das, was fehlte, war so wertvoll, dass der Hirte und die Frau eine grossangelegte Suchaktion durchführten. Der Hirte lässt die neunundneunzig Schafe allein und sucht so lange nach dem verlorenen Schaf, bis er es gefunden hat. Die Frau fegt das ganze Haus und sucht unermüdlich, bis sie das Geldstück findet. Der Vater hält sich in der aktiven Suche zurück, weil er die Freiheit seines Sohnes respektiert. Aber tagtäglich hält er Ausschau nach ihm, und so sieht er *«ihn schon von weitem kommen» (Lk 15,20).*

Wer etwas verliert, was ihm viel bedeutet, versucht alles, um es zu finden. In dieser Suche zeigt sich, wie wertvoll dem Betreffenden das Verlorene ist. Und Gott sind alle Menschen so wichtig, dass Er in Seinem Sohn selbst Mensch geworden und zu uns gekommen ist.

Damit wir Menschen aus der grössten Verlorenheit, der Entfremdung durch die Sünde, herausfinden, geht Gott noch viel weiter. Damit die Menschen diese Seine unbegreifliche Liebe verstehen können, greift Gott zu der für Menschen unfassbaren Tat: Gott gibt Seinen eigenen, von Ihm unendlich geliebten Sohn dahin, damit Er für die Rettung und Erlösung der ganzen Menschheit den schändlichsten, schmählichsten und schlimmsten Tod auf sich nimmt, den ein Mensch zur Zeit Jesu auf sich nehmen kann; der Tod am Kreuz.

Johannes schreibt: *«Da er die Seinen, die in der Welt waren, liebte, erwies er ihnen seine Liebe bis zur Vollendung» (Joh 13,1b).* Vollendung heisst: Bis zum Äussersten, mehr ist absolut nicht mehr möglich. Wer immer auf Jesus, und besonders aufs Kreuz schaut, dem kommt die Botschaft Gottes entgegen: So viel bin ich Gott wert! So sehr bin ich geliebt!

3. Die Freude am Gefundenen

Der Schafhirt, die Frau und der Vater veranstalten ein grosses Fest: *«Freut euch mit mir, ich habe das Schaf / die Drachme wieder gefunden, ...» (vgl. Lk 15,4-9).* Noch nicht genug damit. Auch der ganze Himmel bricht in Jubel aus: *«Ebenso herrscht auch bei den Engeln Gottes Freude über einen einzigen Sünder, der umkehrt» (Lk 15,10).*

So macht auch der Vater im Gleichnis «vom verlorenen Sohn» ein grosses Fest: *«Holt schnell das beste Gewand und zieht es ihm an, steckt ihm einen Ring an die Hand und zieht ihm Schuhe an. Bringt das Mastkalb her und schlachtet es; wir wollen essen und fröhlich sein. Denn mein Sohn war tot und lebt wieder; er war verloren und ist wiedergefunden worden. Und sie begannen, ein fröhliches Fest zu feiern» (Lk 15,22-24).*

Diese Grösse der Feste zeigt dem Betroffenen, der gefunden wurde: Ich muss ungeheuer wichtig sein. Wegen mir veranstaltete Gott ein riesiges Fest!

Mit neuen Augen sehen

Jesus versucht immer wieder, Seine Jünger dahin zu bringen, die religiös Distanzierten, die Gescheiterten und gesellschaftlich Verachteten mit neuen Augen zu sehen. Er will, dass sie ein Herz für die Verlorenen erhalten und eintreten in die grosse Suchaktion Gottes.

Mit neuen Augen sehen heisst, allen Menschen positiv zu begegnen und sie so anzunehmen, wie sie sind. Doch oft haben auch wir, wie die Pharisäer unsere

Bewertungstabellen. In unseren Herzen kann es schnell Urteile über jene geben, die nur an Weihnachten zur Kirche kommen; über jene, die an der Erstkommunion ein nur äusserliches Fest machen; oder über jene, die kein religiöses Bedürfnis haben, denen Sport über alles geht, bei denen sich alles ums Geld dreht. Jesus verbietet solches Richten: *«Richtet nicht, damit ihr nicht gerichtet werdet!» (Mt 7,1)*

Unsere Aufgabe ist nicht das Verurteilen, sondern die Menschen anzunehmen und sie erfahren zu lassen, dass ein neuer Weg für sie möglich ist. Der Geist Jesu sagt uns, dass gerade sie Gott wichtig sind: Die Gleichgültigen, die Ungläubigen, die Asylanten, die Menschen anderer Religionen, … Gott sind die Sexualverbrecher, die Drogenabhängigen, die Zwielichtigen, ... wichtig. Du und ich – wir sind noch keinem Menschen begegnet, der Gott nicht wichtig ist! Keinem – absolut keinem!

Die Liebe Jesu in uns

Wo Menschen von dieser Sichtweise Gottes und Seiner übergrossen Barmherzigkeit berührt werden, wächst in ihren Herzen Neues heran: Die barmherzige Liebe Jesu zu den Verlorenen.

Paulus bekämpfte die Christen und beabsichtige sie auszurotten. Doch dann erfuhr er die Barmherzigkeit Gottes. Tief berührte ihn die Liebe Gottes. Das veränderte ihn. Weil er diese rettende und Heil schenkende Liebe Jesu Christi nun in sich wahr nahm, konnte er später sagen: *«Die Liebe Christi drängt uns» (2 Kor 5,14).*

Tief in uns als Getaufte und Gefirmte hat der himmlische Vater den Geist Jesu gelegt. Wenn dieser Geist in uns wirksam wird, zeigt uns dieser Geist, dass der Sinn unseres Lebens mehr ist als ein anständiges und eventuell noch kirchliches Leben zu führen; mehr, als unsere Familien und Freunde zu lieben und Erfolg zu haben. Dieser Geist lädt uns ein, aktiv und mit anderen ins

Erbarmen Jesu einzutreten und uns an der grossen Suchaktion Gottes zu beteiligen.

Der Auftrag Jesu

Von Anfang an war es das Anliegen Jesu, dass (möglichst) alle Menschen die grosse Liebe Seines himmlischen Vaters erfahren und das Heil finden können. Deshalb hat Er gleich zu Beginn Seines öffentlichen Wirkens Menschen ausgewählt mit der Absicht, dass diese weiterführen, was Er begonnen hat. Nach Seinem Tod und Seiner Auferstehung, erfüllt mit dem Geist Seiner Liebe, wurden sie gesendet, allen Menschen Gottes Liebe zu bringen und zu bezeugen.

In allen vier Evangelien ist von dieser Sendung die Rede. Diese steht in engem Zusammenhang mit dem Empfang des Heiligen Geistes, der Kraft aus der Höhe, die im Pfingstereignis «ausgegossen» wurde. Lukas und Johannes beschreiben Pfingsten unterschiedlich. Lukas geht chronologisch vor. Ostern, Himmelfahrt und Pfingsten folgen aufeinander. Pfingsten ereignet sich 50 Tage nach Ostern im Sturm und in Feuerzungen.

Was Lukas zeitlich nacheinander darlegt, beschreibt Johannes als ein Ereignis: *«Am Abend dieses ersten Tages der Woche, als die Jünger aus Furcht vor den Juden die Türen verschlossen hatten, kam Jesus, trat in ihre Mitte und sagte zu ihnen: Friede sei mit euch! Nach diesen Worten zeigte er ihnen seine Hände und seine Seite. Da freuten sich die Jünger, dass sie den Herrn sahen. Jesus sagte noch einmal zu ihnen. Friede sei mit euch! Wie mich der Vater gesandt hat, so sende ich euch. Nachdem er das gesagt hatte, hauchte er sie an und sprach zu ihnen: Empfangt den Heiligen Geist!» (Joh 20,19-22)*

«Wie mich der Vater gesandt hat, so ...». Der Ausgangspunkt unserer Sendung ist immer die Sendung Jesu. Jesus umschreibt die Sendung zur Evangelisierung bei Matthäus mit folgenden Worten: *«Mir ist alle Macht gegeben im Himmel und auf der Erde. Darum geht zu allen Völkern und macht alle Menschen zu meinen Jüngern; tauft sie auf den Namen des Vaters und des*

Sohnes und des Heiligen Geistes, und lehrt sie alles zu befolgen, was ich euch geboten habe» (Mat 28,18b-20).

«Geht», «macht», «tauft», «lehrt» meinen ein aktives Tun. Wir aber haben uns vielfach daran gewöhnt, passiv zu bleiben, zu warten. Die Menschen wären willkommen in unseren Kirchen, in unseren Räumlichkeiten und Veranstaltungen, wenn sie nur kommen würden. Im Unterschied zu dieser eher passiven Haltung beauftragt uns Jesus, zu den Menschen zu gehen und nicht darauf zu warten, bis allenfalls jemand kommt und Interesse zeigt.

Hier zeigt sich ein Perspektivenwechsel. Während in der Pfarrgemeinde viele Kräfte vorwiegend für die Erhaltung des eigenen «Betriebes» eingesetzt werden und viele Hauptamtliche oft mit innerkirchlichen Fragen beschäftigt sind, lenkt Jesus unseren Blick nach aussen. Er sieht die Gefahr, jene Menschen zu vernachlässigen, die trotz ihres Interesses an Sinnfindung und an Glaubensfragen die Angebote der Pfarrgemeinde nicht mehr in Anspruch nehmen.

Doch mit den Worten *«geht», «macht», «tauft», «lehrt»* möchte Jesus, dass wir die Verlorenen in unserer Umgebung wahrnehmen, und damit die vielfältigen Nöte und Probleme jener Menschen, mit denen wir zusammenleben. *«Geht», «macht», «tauft», «lehrt»,* kann in uns eine heilsame Unruhe auslösen.

Mögliche Reaktionen

Der Auftrag Jesu: *«Geht hinaus in die ganze Welt und verkündigt das Evangelium allen Geschöpfen!» (Mk 16,14-15),* könnte verschiedene Reaktionen auslösen.[11]

---

[11] Die folgenden Reaktionen gehen auf einen Text von Kalevi Lehtinen zurück, den wir aktualisiert haben.

Simon Petrus: Aber Herr, hast du denn ganz vergessen, dass ich eine Familie habe? Ich kann nicht immer unterwegs sein. Ich muss gewisse Rücksichten nehmen. Ich kann doch nicht nur für dich da sein.

Andreas: Jesus, das kannst du einfach nicht ernst meinen. Das Evangelium allen Leuten predigen? Dazu soll ich andere Sprachen lernen, wo ich auf diesem Gebiet so unbegabt bin? Vielleicht wäre es besser, wenn die Leute, zu denen du uns schickst, zunächst unsere Sprache lernen und unsere Art zu leben. Unsere Kultur ist so viel höher stehend. Nein, ich glaube nicht, dass dies für mich stimmt.

Bartholomäus: Eigentlich möchte ich schon ganz gerne an diesem Auftrag beteiligt sein. Aber mir wäre es lieber, wenn du zunächst gewisse Strukturen ändern würdest. Ich kann es nicht ertragen, wenn jemand über mir steht. Dich, Jesus, möchte ich schon akzeptieren, aber auf keinen Fall werde ich mit dem konservativen Jakobus zusammenarbeiten.

Johannes: Ich würde gerne tun, um was du mich bittest, Herr, aber was ist, wenn ich keine Frau finde? Kein Mädchen wird jemanden heiraten wollen, der so viel unterwegs ist und keine sichere und einflussreiche Position in der Gesellschaft hat.

Matthäus: Ich würde mir die Angelegenheit ja noch mal überlegen, wenn du nicht von mir erwarten würdest, auch in finanzieller Hinsicht ganz von dir abhängig zu sein. Ich kann mich mit dem Gedanken einfach nicht anfreunden, von Spenden zu leben. Wenn du mir ein sicheres Gehalt und die üblichen Sozialleistungen bieten würdest, dann würde ich es mir nochmals überlegen.

Jakobus: Ich bin gerade dabei, mich selber gründlich kennen zu lernen, um mich selbst zu verwirklichen. Für mich ist zunächst mal wichtig, meine eigenen Gaben zu entdecken und zu entwickeln. Eines habe ich schon herausgefunden: Was mich am meisten motiviert, ist Anerkennung. Ich glaube nicht, dass du mir genügend Anerkennung und Beachtung bieten kannst bei der Erfüllung deines Auftrages.

Philippus: Aber Herr, du weisst doch, dass ich diese grossen Aktionen und Events überhaupt nicht mag. Ich bin durchaus zufrieden mit ein paar missionarischen Kontakten und einigen Leuten, die ich im Glauben anleiten kann. Sicher kann dein Auftrag auch so erfüllt werden.

Thaddäus: Der Plan klingt ganz in Ordnung. Wenn ich mich nur nicht dieser einfachen Botschaft verpflichten müsste. Sie ist für mich zu einfach, zu wenig intellektuell hochstehend. Ich würde dir nachfolgen, wenn ich deine Grundgedanken ausbauen und meine eigenen Ideen einbringen könnte.

Jakobus (Sohn des Alphäus): Meine Entscheidung wird von der Position abhängen, die du mir anbietest. Nenne mir ein paar Möglichkeiten, ich werde sie überdenken und dich in ein paar Wochen über meine Entscheidung informieren.

Simon Kananäus: Jesus, ich glaube, dass du zunächst an deinem Erscheinungsbild arbeiten und im Bereich Öffentlichkeitsarbeit etwas tun musst. Mir fehlen ein ansprechendes Outfit und ein modernes Leitbild. Ausserdem kann ich mich schlecht mit einer Bewegung identifizieren, die zum Beispiel mit Geschäftsleuten wie Matthäus in Verbindung steht.

Thomas: Ich werde ernsthaft darüber nachdenken, wenn du die Möglichkeit offen lässt, dass ich nach einiger Zeit wieder zurück in meine alten Aufgaben gehen kann. Ich bin sehr daran interessiert, mich weiterzubilden. Ich möchte noch vieles erleben und kennen lernen.

Jesus: Ich glaube, ich muss mir ein anderes Team suchen. Tut mir leid für euch. Mein Auftrag kann nur mit Leuten erfüllt werden, die bedingungslos gehorsam sind. Ich ziehe es vor, mit Leuten zu arbeiten, die mir ihr Leben ohne Einschränkungen zur Verfügung stellen. Ich habe denen, die mir nachfolgen, den Heiligen Geist versprochen, der sie fähig machen wird, diesen Auftrag zu erfüllen. Dieselbe Kraft, die mich von den Toten auferweckt hat, steht ihnen zur Verfügung.

Die Apostel haben sich auf diesen Geist eingelassen, der in ihnen ein begeisterndes Feuer entfacht. Und diesem Geist folgend handeln die Jünger anders: *«Sie aber zogen aus und predigten überall. Der Herr stand ihnen bei und bekräftigte die Verkündigung durch die Zeichen, die er geschehen ließ» (Mk 16,20).*

Damit bestätigt sich bei den Aposteln die Erfahrung, die bis heute viele Menschen machen: Wahre Liebe wächst, wo sie verschenkt wird. Ähnlich ist es mit der Freude am Glauben: Die Freude am Evangelium und am eigenen Glauben wächst dann, wenn beides mit anderen Menschen geteilt wird. *«Glaube wird stark durch Weitergabe»* (Johannes Paul II.). Am meisten werden wir selbst dadurch beschenkt.

Dies ist ein weiterer Grund: Als Freunde Jesu wollen wir Seinen Auftrag ernst nehmen.

2. Das Herz öffnen

Bei der Evangelisierung geht es darum, dem Auferstandenen mitzuhelfen, dass Er heute Menschen ansprechen und in Seine Freundschaft einführen kann. Wir sind Boten, die Seinem Kommen und Wirken dienen. In gewisser Weise entsprechen wir dem Auftrag Jesu: *«Danach suchte der Herr zweiundsiebzig andere aus und sandte sie zu zweit voraus in alle Städte und Ortschaften, in die er selbst gehen wollte» (Lk 10,1).* Wir bereiten Ihm also den Weg.

Betrachtung der eigenen Beziehungen

Tag für Tag kommen wir mit Menschen in Kontakt. Für einige von ihnen können wir einen Botendienst haben. Wie könnten wir dies erkennen?

In der eigenen Welt gibt es eine bestimmte Anzahl von Personen die unser Beziehungsnetz bilden. Es sind Menschen, denen wir ganz natürlich in unserem Tagesablauf begegnen. Wir können dabei etwa folgende Gruppen unterscheiden:

- Jene, die zur Familie, zur Verwandtschaft und zum Freundeskreis gehören. (Verwandte)

- Jene, die in unserer geographischen Nähe wohnen. (Nachbarn)
- Jene, welche gleiche Interessen und Hobbys pflegen. (Freizeit, Verein ..)
- Jene, mit denen wir im Alltag regelmässig etwas zu tun haben. (Arbeit, Schule ...)
- Jene, denen ich in der Pfarrgemeinde begegne. (Pfarreiangehörige)

Dazu kommen spontane Kontakte und Beziehungen, die wir zu unserem Beziehungsnetz zählen können.

Aufs Herz legen lassen

Wenn wir unser Beziehungsnetz anschauen, können wir uns überlegen, welche Menschen uns Jesus besonders aufs Herz legt. Dann können folgende Gedanken hilfreich sein.

Nach dem Gespräch mit der Samariterin am Jakobsbrunnen gibt Jesus Seinen Jüngern eine interessante Antwort: *«Ihr sagt: Noch vier Monate dauert es bis zur Ernte. Ich aber sage euch: Blickt umher und seht, dass die Felder weiss sind, reif zur Ernte» (Joh 4,35).*

Mit *«reif zur Ernte»* meint Jesus die bevorstehende Bekehrung vieler Samariter. Sie sind *«reif»* geworden durch verschiedene Umstände und Erfahrungen. Gott selber hat schon lange durch Begegnungen und Erfahrungen an ihnen und in ihnen gearbeitet. Jetzt braucht es dort noch das Zeugnis der Frau, um Seine Ernte heimzubringen, das heisst die Menschen in die rettende Liebe Gottes heimzuholen. Und so geschah es dann auch.

Jede Frucht hat einen eigenen Zeitpunkt der Reife, beziehungsweise der Ernte. Wer zu früh oder zu spät erntet, hat den vorgesehenen Zeitpunkt verpasst. So ist es auch für uns wichtig, wachsam zu sein für einen guten Zeitpunkt. Der Heilige Geist will uns offen machen und das Einfühlungsvermögen in andere Menschen vertiefen. So können wir uns fragen, ob es auch gewisse Indizien für diese Offenheit gibt.

Gott «arbeitet» an Menschen durch das, was sie erleben. Mehr als alle Worte prägen Lebenserfahrungen die Menschen. Wir dürfen davon ausgehen, dass Er, der uns sendet, Menschen vorbereitet hat. Welche Menschen könnten dies sein?

Wenn es nach uns ginge, dann wüssten wir schnell, welche Personen wir auswählen würden. Meist Menschen, mit denen wir emotional verbunden sind, wie zum Beispiel unseren Partner, die Kinder, liebe Freunde, ... Doch weil wir Seine Mitarbeiter sind, gilt es Ihn zu fragen und auf Ihn zu hören. Manchmal sind wir gerade für die Personen, mit denen wir «emotional» verbunden sind, nicht Seine «Werkzeuge». Doch wenn wir treu Seinen Weg gehen und Ihm dort dienen, wohin Er uns ruft, dann werden wir überrascht sein, auf welche Weise Er unsere Nächsten «evangelisiert».

Beim Hinhören auf den Heiligen Geist, welche Personen Er uns aufs Herz legt, kann es hilfreich sein drei Bereiche zu bedenken, in denen Menschen eher offen für die Botschaft des Evangeliums – und somit *«reif zur Ernte»* – sind.

- Menschen in Umbruchsituationen

Menschen, die in einer Umbruchsituation leben, zeigen oft eine grössere Offenheit für Neues. Unter Umbruchsituation verstehen wir eine Zeitspanne, in der das übliche Verhalten einer Person oder einer Familie durch ein ungewohntes Ereignis in Frage gestellt wird. Sie müssen sich neu orientieren. Diese Ereignisse können freudiger oder trauriger Natur sein. Je mehr sich wieder ein gewohnter Lebensrhythmus einstellt, desto kleiner wird in der Regel die eigene Offenheit.

Solche Übergangssituationen sind zum Beispiel:

– Tod des Ehegatten
– Scheidung / Trennung vom Ehepartner
– Gefängnisaufenthalt
– Schwere Krankheit, Unfall

- Hochzeit
- Streit und Versöhnung mit dem Partner
- Schwangerschaft, Geburt
- Wenn Kinder auf falsche Wege kommen
- Verlassen der Familie durch Tochter / Sohn
- Die Ehefrau, die wieder zu arbeiten beginnt
- Probleme am Arbeitsplatz, Arbeitslosigkeit
- Änderung der Arbeitsbedingungen
- Schwierigkeiten mit Finanzen / Schulden
- Schwierigkeiten mit dem Gesetz
- Schulwechsel
- Neues Hobby, Ferien

- Menschen die Leid erfahren

Offen werden Menschen oft durch Nöte. Solche Nöte können z. B. sein:

- wenn Menschen ausgelacht, übergangen, an den Rand gedrängt werden.
- Menschen mit denen man nichts zu tun haben will.
- Einsamkeit, Unverstandensein, Traurigkeit, das Fehlen von Lebensfreude.
- Überforderung und Schwierigkeiten mit Kindern, in der Ehe, in Beruf, in der Nachbarschaft, … Die Menschen fühlen sich allein gelassen.

Dazu kann noch folgendes kommen: Jeder Mensch erfährt im Verlauf seines Lebens, dass er erlösungsbedürftig ist und Hilfe braucht. Niemand kann sich selbst einen Sinn über den Tod hinaus geben. Niemand kann sich selbst von allem Bösen befreien und ganz heil werden. Und der Zeitpunkt, an dem

Menschen ihre eigene Erlösungsbedürftigkeit erkennen und zugeben können, kann sehr unterschiedlich sein.

- «Suchende» Menschen

Weiter sind Menschen offen, die in irgendeiner Weise auf der Suche sind. In jedem Menschen lebt eine Sehnsucht nach Liebe, nach Wertvoll–Sein, nach einem Halt, den letztlich nur Gott schenken kann. Es gibt Augenblicke, in denen diese Sehnsucht aufbricht.

Auf diese religiöse Sehnsucht des Menschen gibt es eine Fülle von religiösen Angeboten. Neue Formen von religiösen Gruppen entstehen. Menschen suchen ihr «Heil» in verschiedenen «übersinnlichen Praktiken» – in der Esoterik. Trotz dem Zurückgehen der Besuche des Sonntags–Gottesdienstes ist die religiöse Sehnsucht ungebrochen.

Die Liebe Jesu zu den Verlorenen und Sein konkreter Auftrag wollen uns in der Motivation stärken. Wohl am meisten motivieren wird uns die Freude und das Glück der grossen Freundschaft Jesu, die wir persönlich erfahren haben. Diese Liebe beginnt dann in uns zu wirken, wenn wir versuchen, mit den Augen Jesu die Mitmenschen, denen wir im Alltag begegnen, zu betrachten. Dabei können wir den Heiligen Geist bitten, dass Er uns 1-3 Personen zeige, mit denen wir exemplarisch den Weg der Evangelisierung betrachten und gehen können. Im Folgenden werden diese Personen in dieser Schrift Oikosperson/en[12] genannt

[12] «Oikos» ist das griechische Wort für «Haus», «Feuerstelle». In der griechisch-römischen Kultur beschrieb «Oikos» nicht nur die unmittelbare Familie, mit der man zusammen lebte, sondern schloss ebenso Sklaven, die Familien der Sklaven, Freunde und selbst Arbeitskollegen mit ein. «Oikos» bedeutet die Einfluss–Sphäre eines Menschen, sein soziales Beziehungsgeflecht, das, was ihn umgibt.

Zweiter Schritt: Brücken bauen – nahe durch Dienen

Die Managementexperten der Wirtschaft sprechen schon längere Zeit von der «Kundenrevolution». Sie meinen damit, dass Betriebe, wenn sie langfristig erfolgreich sein wollen, aufhören müssen, sich um die eigene Achse zu drehen und stattdessen ihre Energie auf den Dienst an ihren Kunden zu verlagern. Während dies die Wirtschaft weitgehend gelernt hat, dass der Kunde der Chef ist, müssen wir hier in unseren Kirchen noch einiges lernen. Denn nur zu oft kreisen wir um uns und unsere theologischen Ansichten und Streitpunkte, um unsere liturgischen Vorlieben. Meist beschäftigen wir uns mit Insiderproblemen und –fragen.[13] Oft kreisen unsere Gedanken um unsere Anerkennung, unsere Erfolge und unsere Enttäuschungen.

Hier ruft uns der Evangelisierungsweg zur Umkehr. In unseren Blick und in unser Herz sollen die «Leute auf der Strasse» kommen, die kirchlich Distanzierten, diejenigen, die Gott verloren gegangen sind, aber auch diejenigen, die noch in irgendeiner Weise mit der Kirche verbunden sind. Ihnen sollen wir das Evangelium bringen.

1. Brücken bauen

Das Wort Evangelisation kann nicht nur Freude, sondern auch Unbehagen auslösen. Unterschiedliche Erfahrungen, Ängste und Missverständnisse können in uns wach werden.

Manche haben schon erlebt, dass an der Haustüre geläutet wird, und dass dann zwei Personen draussen stehen, die einem Glaubens– und Sinnfragen

---

[13] Von daher können die Missbrauchsvorfälle in der Kirche, der Streit um die Frage der Nicht- oder Zulassung von geschiedenen Wiederverheirateten zu den Sakramenten und ähnliche interne Streitpunkte bei Ungläubigen den Gedanken auslösen: Wenn das mit Gott zu tun hat, was da in der Kirche geschieht, dann will ich nichts mit diesem Gott zu tun haben.

stellen. Nicht selten sind sie rechthaberisch, und bald wollen sie einen zu ihrer Gruppe bekehren. Meist bringt man sie kaum mehr los. Ihr Missionsdrang wirkt auf viele von uns eher abstossend.

Andere religiöse Gruppen «vermarkten» ihren Glauben auf Strassen oder in Grossveranstaltungen. Dort scheint der Glaube wie ein anderer Markenartikel zu sein, der alle Probleme löst. Nebst eher negativen Erfahrungen haben manche an solchen Veranstaltungen auch positive Denkanstösse für ihr Glaubensleben erhalten. Sie sind nachdenklich geworden und haben sich auf die Suche gemacht.

Andere wurden vielleicht persönlich auf den Glauben angesprochen. Das kann Interesse wecken, weil Fragen in diesem Bereich heute in gewissen Lebensmilieus eher selten sind. Es kann aber auch geschehen, dass wir in Glaubensgesprächen von unserem Vis–à–vis mit Bibelzitaten «eingedeckt» werden, ohne dass wir uns vom Gesprächspartner in unserem Menschsein und in unsren Nöten verstanden fühlen.

Doch evangelisieren, wie wir es verstehen, geht einen anderen Weg.

Liebe evangelisiert

Die erste Begegnung mit dem Evangelium machen die Menschen nicht mit Worten der Frohen Botschaft, sondern mit Menschen, welche diese Botschaft verkörpern und leben. Bei der Evangelisation geht es darum mitzuhelfen, dass andere Menschen die befreiende und rettende Liebe Gottes erfahren können. Die folgende Geschichte verdeutlicht diese Haltung: *Sonne und Wind stritten sich, wer von ihnen stärker sei und wer zuerst den Mantel von einem Mann wegbringe. Da begann der Wind immer stärker zu blasen. Je mehr er blies, desto fester hielt der Mann seinen Mantel fest. Darauf fing die Sonne an zu scheinen. Sie schickte wärmende Strahlen. Da fing der Mann an, den Mantel zu öffnen, und nach kurzer Zeit zog er ihn aus.*

Ähnlich wie in dieser Geschichte verhält es sich mit dem Herz des Menschen. Wärme und Liebe bewirken Vertrauen. Evangelisierung geschieht dort, wo andere durch uns die liebende Gegenwart Gottes erfahren können. Wo ein Mensch erfährt, dass er von uns als ganze Person bejaht, geliebt und gewollt wird, kann das Vertrauen zu uns wachsen. Das Vertrauen zu uns ist die entscheidende Brücke für den ganzen Evangelisierungsweg. Denn wenn ich einer Person vertraue, dann nehme ich ihr auch ab, was sie mir sagt. Vertrauenswürdigkeit ist die Basis. Wie kann diese wachsen?

Der erste Schritt besteht darin, zu den Menschen Brücken zu bauen. Das kann heissen: Die Bedürfnisse des anderen kennenlernen und wo möglich und sinnvoll etwas zur Erfüllung beitragen.

Jesus und die Mütter

Jesus lebt uns dies vor: *«Da brachte man Kinder zu ihm, damit er ihnen die Hände auflegte. Die Jünger aber wiesen die Leute schroff ab. Als Jesus das sah, wurde er unwillig und sagte zu ihnen: Lasst die Kinder zu mir kommen; hindert sie nicht daran! Denn Menschen wie ihnen gehört das Reich Gottes. (...) Und er nahm die Kinder in seine Arme; dann legte er ihnen die Hände auf und segnete sie» (Mk 10,13-14.16).*

Welche Bedürfnisse haben die Mütter, die ihre Kinder zu Jesus bringen?

Jesus sieht den Wunsch der Mütter, Ihm ihre Kinder zeigen zu können. Sie möchten sehen, dass Er sich an ihren Kindern freut. Sie wünschen, dass ihre Kinder Seine wohltuende Nähe und Wärme erfahren dürfen.

Jesus hätte diesen Frauen sicher viel zu sagen gehabt, wichtige und gute Dinge über Gott, über das Mutter– und Frausein und die Erziehung ihrer Kinder. Er hätte Ihnen mit Seinem Wissen helfen können. Doch die Bedürfnisse der Mütter lagen im Moment an einem anderen Ort. Jesus erkennt sie.

Und Jesus geht unter dem Protest der Jünger, welche diese Bedürfnisse der Mütter und Kinder als nebensächlich erachten, voll und ganz darauf ein. Ja, Er wird sogar wütend über die Jünger, die unter dem Vorwand – es gibt Wichtigeres zu tun als auf diese alltäglichen Bedürfnisse von Frauen und Kindern einzugehen – diese schroff abweisen.

Jesus und der Blinde

«Als Jesus in die Nähe von Jericho kam, sass ein Blinder an der Strasse und bettelte. Er hörte, dass viele Menschen vorbeigingen und fragte: Was hat das zu bedeuten? Man sagte ihm: Jesus von Nazaret geht vorüber. Da rief er: Jesus, Sohn Davids, hab Erbarmen mit mir! Die Leute, die vorausgingen, wurden ärgerlich und befahlen ihm zu schweigen. Er aber schrie noch viel lauter: Sohn Davids, hab Erbarmen mit mir! Jesus blieb stehen und liess ihn zu sich herführen. Als der Mann vor ihm stand, fragte ihn Jesus: Was soll ich dir tun? Er antwortete: Herr, ich möchte wieder sehen können» (Lk 18,35-41).

Welche Bedürfnisse hat der Blinde?

Der Blinde möchte von Jesus gehört werden und wieder sehen können. Solche Bedürfnisse eines Menschen können stören. Das erlebt dieser Blinde. Die Wünsche der Leute und das Bedürfnis des Blinden decken sich nicht. Die Menschen sehen nur ihre eigenen Wünsche. Deshalb wollen sie ihn mit seinem Bedürfnis zum Schweigen bringen. *«Die Leute, die vorausgingen, wurden ärgerlich und befahlen ihm zu schweigen.»*

Doch Jesus nimmt das Bedürfnis dieses Einzelnen wahr. Er lässt sich nicht von den Erwartungen und Meinungen der Mehrheit leiten. Er sieht die Not dieses Menschen und geht darauf ein. Er fragt: *«Was soll ich dir tun?»* Was ist dein Bedürfnis?

2. Nahe durch dienen

Die Bedürfnisse der Menschen sind unterschiedlich und vielschichtig. Und sie wandeln sich im Verlauf der Zeit. Wir können unsere Bedürfnisse drei ineinander übergreifenden Bereichen zuordnen:

1. Materielle Bedürfnisse: Wir brauchen für unseren Leib gesunde Nahrung, gute Luft zum Atmen, die wärmende Sonne, frisches Wasser, ein Dach über dem Kopf, schützende Kleidung, Gesundheit, Medikamente, usw. Wir brauchen auch die Errungenschaften der Technik wie: Strom, Auto, Computer, Internet ... und vieles mehr.

2. Seelische – emotionale Bedürfnisse der Seele: Der Mensch als soziales Wesen ist von Geburt an auf die menschliche Gemeinschaft angewiesen. Ohne Fürsorge und Zuwendung von Mitmenschen können wir nicht leben. Wir brauchen Mitmenschen, die uns Annahme und Geborgenheit vermitteln. Zur Entfaltung unserer Persönlichkeit sind wir auf soziale Beziehungen, auf Kultur und Bildung angewiesen.

3. Geistliche – geistige Bedürfnisse: Weiter brauchen wir eine Aufgabe für unser Leben, Hoffnung und Perspektiven für eine lebenswerte Zukunft, einen Sinn, der unsere irdische Existenz überdauert. Geschaffen von Gott zieht es den Menschen bewusst oder unbewusst an seinen Ursprung zurück.

Dieses tiefste geistliche Bedürfnis nach Gott ist in der Regel so sehr mit anderen Bedürfnissen überschüttet, dass es einen langen Weg braucht, bis ein Mensch dieses Bedürfnis wahrnimmt und zugibt. Unser Eingehen auf seine materiellen und seelischen Bedürfnisse hilft mit, dass die andere Person ihre tiefsten Bedürfnisse zulassen und annehmen kann.

Sich Einfühlen

Liebe orientiert sich zuerst einmal an den Bedürfnissen der anderen. Das beginnt mit dem Sich-Einfühlen. Dabei ist wichtig, dass ich nicht von mir, meinen Erfahrungen, Einstellungen und Wünschen ausgehe, sondern mich in ihr Leben und ihre Situation einfühle.

Dazu einige Fragen:

- Ist die Person alleinstehend, verheiratet, geschieden, verwitwet, getrennt lebend?
- Hat sie Kinder? In welchem Alter?
- Welche Hobbys, Begabungen, Interessen, spezielle Leidenschaften und Vergnügungen, ...?
- Wie ist das Arbeitsumfeld (sichere Anstellung, arbeitslos, pensioniert ...)?
- Wie ist die Wohnsituation? Schon lange am Wohnort verwurzelt, frisch zugezogen, freundschaftliche Beziehungen im Quartier?
- Vereinstätigkeit ... ?
- Glaubenssituation: kirchlich engagiert, der Kirche ganz entfremdet, Verbindung zu religiösen Gruppen, Einstellung zum Christentum...?

Vertiefen der Beziehung

Anteilnehmen bedeutet, meine Beziehung zu den Oikosperson/en zu vertiefen und ihnen Freund, Freundin zu werden. Ich möchte sie erfahren lassen: Du bist wertvoll! Du bist mir wichtig! Mitfühlend und solidarisch sollen sie mich als Schwester oder Bruder erfahren, wie Paulus schreibt: *«Freut euch mit den Fröhlichen und weint mit den Weinenden» (Röm 12,15).*

Dazu einige Hinweise:

- Zeit haben und sich zum Kaffee, Tee, Essen... einladen lassen.
- Das Positive sehen und sich am Guten, am Erfolg, am Schönen und Wohltuenden (Kleid, gutes Essen, Baby, Garten, ...) freuen. Anerkennung aussprechen!
- Sich in Nöten und Problemen engagieren – evtl. auch zupacken

- Nachfragen, wenn ich ein Problem kenne. Meine Verbundenheit durch Kleinigkeiten zeigen (Kärtchen schicken, Telefonanruf, ...)
- Den guten Kern suchen, entdecken und hervorheben.
- Interesse am Leben des anderen zeigen
- Sich interessieren für die Familie, den Arbeitsplatz, die Hobbys,… Nachfragen: Wie ist es dazu gekommen, dass...
- Sich für die Lieblingsthemen interessieren – auch wenn man damit nicht viel anfangen kann – und diese zur Sprache bringen.
- Die Oikosperson um Hilfe und Rat bitten. Das vermittelt Wertschätzung.

Gefahr beim Dienen

Beim Weg der Evangelisierung geht es nicht um eine Methode, sondern darum, Gottes Zuwendung zu den Menschen glaubhaft zu leben. Deshalb darf Anteilnehmen und Dienen nicht verzweckt werden.

Auch wenn wir Oikospersonen ausgewählt haben, machen wir sie nicht zu einem Objekt des Evangelisierungsweges. Das heisst, wir schenken ihnen nicht nur Zuwendung und Interesse, *damit* sie sich dem Evangelium öffnen, sondern weil uns der Geist der Liebe Jesu dazu anregt. Wir werden der Oikosperson solange mit Interesse und Zuwendung verbunden bleiben, wir es für sie stimmig ist und der Heilige Geist uns dazu anregt.

Es ist schwierig, selbstlos zu dienen. Doch wir wollen uns darum bemühen. Dazu kann ich mir folgende Fragen stellen:

– Geht es in meinem Dienen um mich oder um den Anderen?

– Suche ich Anerkennung?

– Will ich den anderen belehren oder abhängig machen?

– Will ich zeigen, wie gut oder weise ich bin?

Wenn unser Dienen nicht echt ist, fühlen sich Menschen zu recht entwürdigt und missbraucht.

Eingehen auf Bedürfnisse verbindet. Die andere Person fühlt sich verstanden und angenommen. Daraus wächst Vertrauen. Ein tieferes Miteinander wird möglich. Eine Brücke wächst, auf der dann später Jesus selbst zu den Menschen kommen kann.

Nur die Liebe evangelisiert. Liebe will uns achtsam machen. Das innere Fragen und Hinhören auf die Bedürfnisse unserer Mitmenschen macht uns selbst empfindsamer für die Impulse des Heiligen Geistes, die auch ganz überraschend kommen können. Diese Hellhörigkeit und Folgsamkeit dem Heiligen Geist gegenüber ist das Entscheidende für den ganzen Weg.

Dritter Schritt: Gott ins Spiel bringen – Zeugnis geben

Das letzte Wort Jesu im Johannes–Evangelium lautet: *«Es ist vollbracht» (Joh 19,30)*. Das heisst: Die Rettung der Menschheit ist vollbracht. Die Erlösung ist vollbracht. Damit ist klar: Durch das Wirken Gottes wird alles einst gut werden. Diese Gewissheit des Erlöstseins ist das Fundament jeder Evangelisierung. Das gibt ein Stück weit Gelassenheit.

Wir dürfen «erlöster» leben mitten im Chaos und dem Dunkel dieser Welt. Denn mag es noch so drunter und drüber gehen in unserer Welt und unserem Leben – am Ende wird durch Jesus Christus alles gut. Wir dürfen darauf vertrauen, dass Er rettende Wege auch über den Tod hinaus kennt.

Ein Weiteres: Jesus sagt kurz vor Seinem Tod: *«Und ich, wenn ich über die Erde erhöht bin, werde alle zu mir ziehen» (Joh 12,32)*. Jesus zieht die Menschheit zu sich, und wir helfen Ihm dabei mit. Ja wir können sagen: Durch unseren Dienst helfen wir Ihm, Menschen ins Reich Seines Vaters zu ziehen.

1. Gott ins Spiel bringen

Wenn Jesus – auch durch unser Dienen – die Menschen an sich ziehen will, dann kennt Er auch den Kairos, den geeigneten Zeitpunkt. Und Er kennt die Wege wie Er das verwirklichen möchte. Wir helfen Ihm dabei, wenn wir Gott ins Spiel bringen.

Wenn in eine Gruppe, in eine Gemeinschaft eine neue Person kommt, bringt diese Person etwas in Bewegung. Alle treten in eine neue Beziehung zu dieser Person, und dadurch verändern sich ein Stück weit auch alle anderen Beziehungen. Eine neue Person bringt etwas Neues in Bewegung, denn mit ihr kommen auch ihre Gedanken und ihr Verhalten mit ins Spiel.

Jesus ist gekommen, um Gott, Seinen himmlisch–liebenden Vater, ins Spiel zu bringen. Damit bringt Er das absolut Beste für die Menschen in allen Situationen: die Liebe Gottes. Sein grosses Anliegen ist es, dass alle sich Seinem Vater und Seinem Heil bringenden Wirken öffnen. Jesus nennt dieses Neue: «Reich Gottes».

Um die Menschen für Gott und das Wirken Seiner Liebe zu öffnen, nimmt Jesus die Gelegenheiten, die sich Ihm bieten, wahr. Dabei fühlt Er sich ganz bewusst in die Situation der anderen Personen hinein. Er versucht, die Situation aus dem Blickwinkel der Anderen zu sehen und die Menschen dort abzuholen, wo sie sind. Das macht die Bahn frei für einen Dialog, in dem Er Gott ins Spiel bringen kann.

Begegnung mit Simon und der Sünderin: *Lk 7,36-50*

Jesus wird zu einem Gastmahl beim Pharisäer Simon mit anderen vornehmen Gästen zum Essen eingeladen. Da kommt überraschend eine bekannte Sünderin und liebkost von hinten die Füsse Jesu. Da kam eine Frau *«und trat von hinten an ihn heran. Dabei weinte sie und ihre Tränen fielen auf seine Füße Sie trocknete seine Füße mit ihrem Haar, küsste sie und salbte sie mit dem Öl.»*

Eine unmögliche Situation. Denn aufgelöste Haare zu tragen, war ein Zeichen: Ich bin eine Dirne, ich bin zu haben. Simon steht für einen Augenblick wie versteinert da. Damit gerät Jesus in eine schwierige Situation: *«Als der Pharisäer, der ihn eingeladen hatte, das sah, dachte er: Wenn er wirklich ein Prophet wäre, müsste er wissen, was das für eine Frau ist, von der er sich berühren lässt; er wüsste, dass sie eine Sünderin ist» (Lk 7,39).*

Wie hätte Jesus Simon gegenüber reagieren können?

Jesus, der die Gedanken von Simon erkannte, hätte ihm Vorwürfe machen können. Doch das tut er nicht. Er lädt Simon auf einen Weg ein. *«Ich möchte dir etwas sagen.»* Damit weckt Jesus Interesse. Simon geht darauf ein. Der Boden für einen Dialog ist vorbereitet.

Nun bemüht sich Jesus, in grosser Geduld, Seine Kritiker für den Blick der Liebe Gottes zu gewinnen. Er weckt mit dem Gleichnis Neugier. Dann schenkt Er Seinen Kritikern Recht: *«Du hast Recht.»* Erst jetzt, nachdem Er ihm soviel Zuwendung entgegengebracht hat, bringt Jesus Gott mit Seinem barmherzigen Blick auf die Frau ins Spiel.

Wie hätte Jesus der Frau gegenüber reagieren können?

Mit besonderer Anteilnahme wendet sich Jesus nun der verachteten Frau zu und sagt zu ihr: *«Deine Sünden sind dir vergeben ... Dein Glaube hat dir geholfen. Geh in Frieden!»* Ihr wird Vergebung und Glaube zugesprochen. Mit dem Frieden Jesus geht sie weiter, vermutlich zum ersten Mal fühlt sie sich verstanden und angenommen.

In kritischer Situation: *Lk 10,25-29*

Jesus wird von einem Gesetzeslehrer auf die Probe gestellt. Dieser ist Jesus gegenüber negativ eingestellt und versucht Ihn «reinzulegen». Wie hätte Jesus ihm begegnen können?

Jesus versucht ihn zu gewinnen: Zuerst stellt Jesus ihm Fragen. Er holt ihn bei dem ab, was er weiss und denkt und erweist ihm sogar Respekt, indem Er den ersten Teil des Dialogs mit der positiven Aussage beschliesst: *«Du hast richtig geantwortet.»*

Fazit: Diese Erfahrungen zeigen, dass Jesus nicht auf die Skepsis, die Ablehnung und die negativen Urteile über Ihn eingeht. Er schaut durch das «borstige» Äusserliche hindurch. Er sucht den Brückenkopf des Guten, um dann Gott ins Spiel zu bringen. Das Beispiel Jesu zeigt: Recht haben wollen blockiert das Gespräch, durch Recht geben wird der Weg des Gespräches vertieft.

Bei Jesus wird offensichtlich, auch wenn Er nicht immer Erfolg hat, dass Seine Beziehung zu den Menschen eine Art Brücke für das Kommen Gottes ist. Das gilt auch für unsere Oikospersonen, mit denen wir das grosse Geschenk unseres Lebens teilen möchten. Entscheidend dabei ist, dass die Anderen uns vertrauen können. Denn in dem Mass, wie sie uns vertrauen, werden sie auf das hören, was wir sagen werden. Das Vertrauen der Anderen zu uns wächst, wenn wir das Gute in ihnen entdecken und freilegen.

Der Brückenkopf

Rudolf Stertenbrink erzählt: Ich hörte von einem zwölfjährigen Jungen, der seiner Mutter immer wieder beim Abtrocknen half. Eines Abends entglitt ihm eine grosse Platte und zerbrach am Boden. Nach einem kurzen Augenblick der Stille sagte seine Mutter: *«Weisst du, Robert, seit du mir hilfst, ist dies das erstemal, dass dir etwas heruntergefallen ist. Ich finde, das ist eine tolle Leistung.»* Die Mutter sieht im Missgeschick das Herz und den guten Willen.

Liebe zeigt sich im Freilegen und Offenbaren des Guten. Gutes ist – wenn auch oft verschüttet und verunstaltet – in Vielem gegenwärtig. Alexander Solschenizyn, der vielen bösen Menschen in den Zeiten seiner Verbannung begegnet ist, schreibt: *«Selbst in einem vom Bösen besetzten Herzen hält sich ein Brückenkopf des Guten.»*

Durch solches Eingehen auf den guten Kern im Anderen fühlt dieser sich verstanden, ja noch mehr: Wenn das Gute im Menschen angesprochen wird, wird dieses ein Stück weit neu zum Leben erweckt. Denn Gut zu sein ist das tiefste Bedürfnis jedes Menschen.

2. Gott bezeugen

Wenn dieser «Brückenkopf» des Guten bei den Oikospersonen gefunden wurde, können diese offener werden für das, was uns bewegt. Vielleicht ergeben sich auch andere spontane Situationen, in der ich Gott ins Spiel bringen kann. «Weisst du, ich habe Ähnliches erlebt, und da hat mir sehr geholfen, dass ich diese Situation von einem anderen Gesichtspunkt her sehen konnte. Interessiert es dich, wie es dazu kam?» Wenn dann eine positive Antwort kommt, kann ich Gottes Wirken in meinem Leben bezeugen.

Zeugen gesucht – das hören wir oft, wenn ein Unfall geschehen ist. Die Aufgabe des Zeugen besteht darin, weiterzugeben, was er gehört, gesehen, gespürt ... kurz, was er wahrgenommen hat. Dabei darf er nichts hinzufügen, sonst stimmt das Zeugnis nicht mehr.

Jesus sucht auch heute Zeugen. *«Ihr seid Zeugen dafür» (Lk 24,48)* und *«... ihr werdet meine Zeugen sein in Jerusalem und in ganz Judäa und Samaria und bis an die Grenzen der Erde» (Apg 1,8).*

Zeugen sollen weitergeben, was sie selber mit Ihm erlebt haben. Johannes schreibt: *«Was von Anfang an war, was wir gehört haben, was wir mit unseren Augen gesehen, was wir geschaut und was unsere Hände angefasst haben, das verkünden wir: das Wort des Lebens» (1 Joh 1,1)* «Der heutige Mensch … hört lieber auf Zeugen als auf Gelehrte, und wenn er auf Gelehrte hört, dann deshalb, weil sie Zeugen sind» («Evangelii nuntiandi» 41)

Zwei Zeugnisformen

Wie können wir von Gottes Wirken Zeugnis geben? Auf was gilt es zu achten? Vielleicht müssen wir zuerst ganz neu lernen über Gott und den Glauben zu reden. Dabei gilt es zuerst hinzuhören, wie Gott in meinem Leben wirkt. Wenn wir Spuren Seines Wirkens in unserem Leben entdecken und ein für uns offensichtliches Eingreifen in einer Situation feststellen, dann sind wir eingeladen, dies zu bezeugen.

Die Hinweise auf zwei Formen eines Glaubenszeugnisses können uns auf das achtsam machen, worauf es ankommt. Wir betrachten ein längeres Wegzeugnis und ein Interview über einen Glaubensweg.

– Ein Wegzeugnis

Das Erzählen des ausgearbeiteten *Wegzeugnisses* sollte nicht länger als 7-10 Minuten dauern. Dabei erzähle ich den eigenen Weg. Es ist sinnvoll, das Lebenszeugnis nach den drei folgenden Gesichtspunkten zu gliedern:

– Wie sah mein Leben vor der neuen oder vertieften Begegnung mit Jesus Christus aus?

– Wie fand ich zum erneuerten Glauben? Das sollte der Hauptteil sein. Was erlebte ich auf diesem Weg? (Ängste, Zweifel, ...?)

– Was hat sich in meinem Leben verändert, seit ich bewusst den Weg der Nachfolge Jesu gehe? (1-2 Beispiele)

– Interview

Das Zeugnis kann auch in Form eines Interviews gegeben werden, bei dem man auf ein bestimmtes Ereignis – z. B. einen Glaubenskurs – Bezug nimmt. Dabei werden auf 3 - 4 Fragen in je 2 - 3 Sätzen Antworten gegeben.

Hier einige mögliche Fragen:

– Wie hast du den Glaubenskurs (oder ein anderes Ereignis, über das die Fragen gestellt werden) erfahren?

– Hattest du bestimmte Erwartungen an den Kurs? Wie haben sich diese erfüllt?

– Hat sich während des Kurses bei dir etwas verändert?

– Hat sich seit Kursbeginn deine Beziehung zu den Mitmenschen, zur Kirche, zum Gottesdienst, zu ... geändert?

– Was würdest du jemandem sagen, der den Kurs noch nicht besucht hat?

Hilfen beim Zeugnisgeben

Die folgenden praktischen Tipps können zu einem Frucht bringenden Zeugnis beitragen.

– *Übertreibungen vermeiden:* z. B: «Mein Leben wurde völlig verändert.» Es geht um einen Prozess, in dem sich Bereiche des Lebens ändern. Ehrlichkeit geht über alles! Es gilt, zu dem zu stehen, wie es damals war, oder jetzt gerade ist, auch wenn ich nicht «glorreich» dastehe. Jede eigene Leistung, jeder Stolz auf eigene Erfahrung sollen vermieden werden. Keine Selbstdarstellung! (z. B. «Ich komme jetzt und sage euch ...»)

– *Keine Predigt:* Beim Zeugnis bleibe ich ganz bei mir, das heisst: Es wird keine Einladung, Ermutigung an die Zuhörenden ausgesprochen. Im Zeugnis soll darum nie eine Aufforderung sein, dies oder jenes zu tun. Das Zeugnis soll in sich die Kraft haben, dass die Zuhörenden, geleitet durch den Heiligen Geist, die richtigen Schlüsse für ihr Leben ziehen.

– Beim Zeugnisgeben erzählen wir nichts Allgemeines, sondern ganz *Persönliches*, darum reden wir im Ich–Stil und möglichst konkret. Also nicht: «Seitdem hat sich vieles verändert», sondern «Das hat sich bei mir (konkret nennen, was und wie) verändert.»

– *Keinen Roman:* Ich kann und soll nicht das ganze Leben erzählen, sondern einzelne Bruchstücke und Elemente. Wichtig ist ein verständlicher roter Faden. In einem Erlebnisbericht gilt es, sich auf das Wesentliche zu beschränken, und deshalb Einzelheiten und Nebensächlichkeiten wegzulassen.

– Wir müssen uns auch überlegen: Wer hört zu? In welcher Situation sind die Zuhörenden? Welche *Ansatzpunkte* ihres Lebens sind meinem ähnlich? Was könnte ihnen helfen? Was wäre jetzt eine Überforderung?

Deshalb wählen wir eine Sprache, die sie verstehen. Jede «Fremdsprache» – dazu gehört auch eine religiöse Insidersprache – sollte vermieden werden. Zum Beispiel werden wir statt von «Gnade» von Geschenk reden, oder statt «da sagte Gott zu mir» von «mir ist innerlich klar geworden» oder «auf einmal war der Gedanke da».

– *Mich prüfen lassen:* Es ist gut ein Zeugnis aufzuschreiben und es einer Person vorzulegen, die es anhand der genannten Kriterien prüft und (soweit nötig) Korrekturen und Nachfragen anbringt. Insbesondere beachtet sie, dass im Zeugnis das Wirken Gottes dargelegt wird. Die grundsätzliche Frage wird deshalb die sein, wessen Ehre offenbar wird. Bestaunen und bewundern die Zuhörenden Gott oder die bezeugende Person? Das Zeugnis soll auf Gott verweisen und Ihm allein die Ehre geben.

– *Zum Schluss:* Lassen wir uns von all den vielen Tipps nicht entmutigen, denn dass die Zuhörenden meine *Freude an Gott* spüren, ist viel wichtiger als eine grammatikalisch einwandfreie Sprache oder eine gute Rhetorik.

Wirkung eines Zeugnisses

Ein Glaubenszeugnis hat Wirkung sowohl bei uns als auch bei den Zuhörenden. Diese werden unbewusst aufgefordert, Stellung zu beziehen. Wenn ich bezeuge, dass Gott lebt und erfahrbar ist, werden die Anderen dadurch herausgefordert. Sie fragen sich persönlich: Kann ich das annehmen oder nicht? Zudem werden die Menschen durch ein gutes Glaubenszeugnis ermutigt, ihre Beziehung zu Gott zu überdenken und ihr Vertrauen auf Ihn zu setzen. Und wir dürfen einfach vertrauen, dass der Heilige Geist durch unsere Worte in ihren Herzen etwas bewirkt.

Bei uns selbst bewirkt das Zeugnis, dass unser Glaube gestärkt wird. Neue Freude am Glauben wird geschenkt, denn der Glaube wächst durch Weitergeben.

Ein Glaubenszeugnis gibt Gott die Ehre. Sein Name wird verherrlicht. Seine Grösse wird erfahrbar. Wenn Sein konkretes Wirken bezeugt wird, verkündigen wir, dass Gott heute lebendig ist und wirkt. Es ist eine Offenbarung Gottes in der

Geschichte eines konkreten Menschen und damit in unserer Welt. Wichtig ist, dass ich von Gott so rede, als wäre Er die natürlichste Sache der Welt.

Bei diesem Schritt geht es zuerst darum, die verborgene Not, Sehnsucht, … zu entdecken und darauf einzugehen. Dabei werden wir achtsam, wie Gott in unserem Leben da ist und wirkt. So können wir Spuren Seiner Gegenwart und Seiner Liebe entdecken.

Wenn wir Gottes Wirken in Worte fassen und anderen bezeugen, wie Er uns hilft und welche Liebe Er uns geschenkt hat, werden wir selbst darüber froh.

Das wird Wirkung haben, denn wenn ich schlicht und einfach von Gott rede, werden die Zuhörenden unbewusst aufgefordert, Stellung zu beziehen.

Vierter Schritt: Auf Fragen eingehen – zur Begegnung mit Jesus hinführen

Kleine Kinder stellen manchmal Fragen und nochmals Fragen. Sie wollen mehr wissen. Eltern brauchen bei der Beantwortung dieser Fragen oft viel Geduld und Weisheit. Die Weisheit besteht darin, das Aufnahmevermögen des Kindes zu beachten und ihm nur auf das zu antworten, was es gefragt hat. Auch wenn die Antworten kindgemäss sind, müssen sie (der Richtung) der Wahrheit entsprechen.

Vergleichbares gilt für das Glaubensgespräch. Dort müssen wir sowohl auf die objektive Frage wie auch auf die Situation, aus der die Frage entstanden ist, einzugehen.

1. Auf Fragen eingehen

Wenn wir Gott ins Spiel gebracht und Sein Wirken bezeugt haben, wird das Reaktionen hervorrufen. Auf diese gilt es nun mit einem wachen Geist einzugehen.

Auf was wir dabei achten müssen, zeigt uns Philippus. Er hat in Samaria grossen Erfolg. Von sich aus wäre er nicht auf den Gedanken gekommen, die fruchtbare Missionstätigkeit dort zu verlassen und in eine einsame Gegend zu ziehen. Doch ein Anderer hat die Fäden in der Hand. Dieser gibt Philippus einen Impuls durch den Engel des Herrn: *«Steh auf und zieh nach Süden auf der Straße, die von Jerusalem nach Gaza hinabführt» (Apg 8,26).* Und so macht er sich gehorsam auf den Weg nach Süden. Er weiss nicht, was das soll. Er ist einfach gehorsam.

Zugleich hat der Heilige Geist einen Äthiopier, einen bedeutenden Hofbeamten der Königin von Äthiopien, vorbereitet. Dieser kommt von

Jerusalem, wo er Gott angebetet hat, herab. Er sitzt im Wagen und liest aus dem Propheten Jesaja.

Nun wird der Heilige Geist aktiv. Er sagt zu Philippus: *«Geh und folge diesem Wagen» (Apg 8,29).* Und als Philippus den Äthiopier aus dem Propheten lesen hört, fragt er ihn: *«Verstehst du auch, was du liest?» (Apg 8,30)* Und in der Folge erklärt ihm Philippus die Stelle und geht auf alle seine Fragen ein.

Das weckt im Äthiopier die Sehnsucht, zu Jesus zu gehören. So zieht Jesus durch den Dienst des Philippus den Kämmerer zu sich. Als Folge davon bittet der Kämmerer am Ende um die Taufe: *«Als sie aber aus dem Wasser stiegen, entführte der Geist des Herrn den Philippus. Der Kämmerer sah ihn nicht mehr und er zog voll Freude weiter» (Apg 8,39).* Somit ist der Dienst des Philippus an ihm zu Ende. Andere werden den Kämmerer dann im Glauben weiterführen müssen.

Auch bei uns kann es oft so sein, dass wir bei einem Menschen zu einem bestimmten Dienst gerufen werden, und dann werden andere ihn weiterführen. Das gilt auch für den ganzen Evangelisierungsweg. Wir sind als Gemeinschaft Mitarbeiter am Werk Gottes *(vgl. 1 Kor 3,5-9).*

Fragen können öffnen

Wie Philippus zeigt, sind Fragen und Rückfragen hilfreich. So hat Jesus oft Fragen gestellt: Fragen, um den Menschen eine positive Bestätigung geben zu können; Fragen, damit die Menschen beginnen selbst zu überlegen und eventuell ihre bisherigen Denkmuster zu hinterfragen; Fragen, um Gott und Seine Gedanken ins Spiel zu bringen.

Beim Thema «Kirche» ist besondere Rücksichtnahme geboten. Dies deshalb, weil sich die Menschen heute wohl auf kaum einem anderen Gebiet so unsicher fühlen oder auch fest gefahren sind wie hier. Schnell kommen Assoziationen auf mit Moral, Dogmen und Tradition. «Ich weiss schon, eigentlich sollte ich mehr zur Kirche gehen», ist eine oft gehörte Antwort. Doch unangenehme Assoziationen oder gar Schuldgefühle blockieren.

Anders kann es sein, wenn wir die persönliche Ebene suchen: Wie denkst du über Gott? Was hat dir geholfen, den Sinn des Lebens zu entdecken? Was sind deine tiefsten Sehnsüchte? Was würdest du Gott fragen (sagen), wenn Er jetzt vor dir stehen würde? Weshalb? Welche Bedeutung hat für dich Jesus Christus?

Die Frage nach Gott, wie auch immer sie gestellt wird, wirft die Frage nach meiner *Beziehung zu Ihm* auf. Darum geht es: Den Blick auf die Jesus-Freundschaft zu richten! Erst von da aus kann vieles in der Kirche richtig gesehen und verstanden werden.

Die innere Haltung beim Gespräch

In einem Gespräch geht es nicht primär darum, dass ich etwas sage, sondern dass ich verstehe, was die Oikosperson zur dieser Frage bewegt. Sie möchte in der Regel weniger unser Wissen hören als vielmehr unsere Anteilnahme an ihrem Leben spüren.

Damit dies geschehen kann, braucht es unser aktives Zuhören und Empathie.

Empathie meint: Mitfühlend auf den anderen eingehen, ohne etwas positiv oder negativ zu werten. Es geht nicht ums Beurteilen, und noch weniger ums Rechthaben, sondern darum, mit dem eigenen Herzen beim Herzen des anderen zu sein. Der Gesprächspartner soll spüren, dass ich ganz für ihn da bin. Hilfreich ist dabei:

- Augenkontakt haben so weit möglich
- eine offene Haltung einnehmen
- aufmerksam und zuwendend sein
- eventuell Rückfragen für ein tieferes Verständnis stellen: Wie bist du zu dieser Überzeugung gekommen?
- im Gesagten auf Gott hören

Jesus hat das Gespräch mit der Samariterin am Jakobsbrunnen sehr feinfühlig geführt. Er hat genau auf die Gedanken und Empfindungen der Frau geachtet und ist auf ihre Bedürfnisse eingegangen. Er hat nie lange gesprochen und weckte durch neue Fragen das Interesse der Frau, das Gespräch fortzuführen. Das Resultat war, dass sie ihn als Messias erkannt hatte. Die Frau war von dieser Erkenntnis so tief berührt, dass sie voller Begeisterung in ihrem Dorf davon erzählte und viele Menschen zum Glauben kamen *(Joh 4,39-42)*.

In Respekt vor der Freiheit

Jedes Gespräch muss getragen sein von einem grossen Respekt gegenüber der religiösen Freiheit der anderen Person. Auch wenn die von uns geglaubte und erkannte Wahrheit nicht verschwiegen werden darf, sondern in Liebe dargelegt wird, darf nie in irgendeiner Weise Druck ausgeübt werden. Die Kirche verbietet «streng, dass jemand zur Annahme des Glaubens gezwungen oder durch ungehörige Mittel beeinflusst oder angelockt werde, wie sie umgekehrt auch mit Nachdruck für das Recht eintritt, dass niemand durch üble Druckmittel vom Glauben abgehalten werde.»[14]

Nach einem Glaubensgespräch geht es darum, den Fortgang des Gesprächs in Blick zu nehmen. Dazu hilft die Frage, wie der andere über eine Fortsetzung des Gesprächs denkt. «Gerne würde ich Sie bald mal wiedersehen.» «Darf ich …? Ich würde das Gespräch mit Ihnen gerne fortsetzen. Darf ich Sie wegen eines Termins in den nächsten Tagen anrufen?» Die Antwort, die dann kommt, werden wir respektieren.

[14] Zitiert nach: Lehrmässige Note zu einigen Aspekten der Evangelisierung Nr. 8, II. Vatikanisches Konzil, Dekret *Ad gentes,* 13.

Zentrale Inhalte verstehen

Zum einfühlenden und hörenden Gespräch kommt als weiterer Schritt dazu, dass wir die wesentlichen Glaubensinhalte in einfacher Weise ins Gespräch einbringen können. Die Voraussetzung dafür ist, dass wir selbst den Glaubensinhalt verstanden haben. Wir brauchen also selbst Klarheit, um dann einfach und verständlich den Glauben darlegen zu können.

Wenn diese Klarheit in uns da ist, wird es uns besser gelingen, bei der Darlegung des Glaubens nicht nur die intellektuelle Frage, sondern die dahinterliegende Sehnsucht zu sehen. Diese gilt es erst zu entdecken und dann freizulegen. Dann fällt das christliche Glaubensangebot auf vorbereitetes Erdreich.

Dabei geht es nicht um ein distanziertes rein theoretisches Darlegen des Glaubens. Wir dürfen auch unsere Freude, ja Ergriffenheit zum Ausdruck bringen. «Mich fasziniert das Wissen...» «Mich erfüllt es jedes Mal mit Freude, wenn,...» «Soviel ist mir bis jetzt aufgegangen und ich bin gespannt, was alles noch kommen wird.» «Ich teile, was ich bisher entdeckt und erfahren habe.» «Auch ich selbst habe noch viele Fragen, aber soviel ist jetzt klar geworden.»

Von der Fülle der möglichen Glaubensinhalte möchte ich auf vier Themen hinweisen, die oft zur Sprache kommen:

1. *Die Frage nach der Existenz Gottes:* Die grundlegendste Frage bei der Evangelisierung ist: Gibt es Gott überhaupt? Hat die Wissenschaft nicht Gott widerlegt oder überflüssig gemacht? Und: Widerspricht der Glaube nicht der Vernunft? Auch wenn es keine stringenten Beweise für die Existenz Gottes gibt, so gibt es doch viele Hinweise, welche für die Vernunft die Annahme der Existenz Gottes vernünftiger erscheinen lassen.[15]

---

[15] Dazu kann das Buch: «Und wenn es ihn doch gibt? Warum es sinnvoll ist, mit Gott zu rechnen.» Der Autor Nicky Gumbel, ein ehemaliger Anwalt, geht kurz und klar geht auf die Argumente bekannter Atheisten wie Richard Dawkins und anderer ein und zeigt auf, warum es sinnvoll ist, mit Gott zu rechnen. Verlag Gerth Medien

2. *Die Frage des Leidens und der gute Gott*: Diese Frage ist auf der intellektuellen Ebene nicht zu lösen. Deshalb ist es hilfreich, auf die hinter dieser Frage stehenden Ursache (meist ein Schmerz, ...) einzugehen. Das kann helfen, dass die Oikosperson sich vom grübelnden und um's eigene Ich kreisenden «Warum» lösen und nach dem Wozu fragen kann. Das kann den Blick öffnen für Jesus, der in diese Not hereinkommen und Heil und Heilung bringen will.[16]

3. *Was ist der Sinn des Lebens?* Sinn kann man nicht «machen». Erste Spuren des grossen Lebenssinnes kann man entdecken, wenn wir Fragen stellen wie: Was will ich werden? Was für Ziele und Träume habe ich? Wie stelle ich mir ein glückliches Leben vor? Diesen Fragen ehrlich nachzugehen kann uns viel Hilfreiches und Wahres erkennen lassen. Dennoch ist Ausgangspunkt und Horizont all dieser Fragen und Überlegungen das eigene Ich!

Beim eigenen Ich anzusetzen bedeutet aber, am falschen Ende anzufangen. Denn das eigene Ich bildet ja nicht den Ursprung – niemand hat sich selbst gemacht! Folglich kann niemand aus sich selbst heraus sagen, wozu er geschaffen wurde. Denn wir verdanken unser Leben jemand anderem. Gott ist es, der uns Menschen erschaffen hat. Deshalb kann nur Er sagen, wozu Er uns geschaffen hat.[17]

4. *Reinkarnation und christlicher Glaube*: Der Reinkarnationsglaube wie der christliche Glauben haben Gemeinsamkeiten: Beide glauben, dass der Weg nach dem Tod weiter geht und dass es Gerechtigkeit gibt. Beide bieten einen spirituellen Weg an.

Dennoch gibt es markante Unterschiede wie in der Frage des Gottes- und Menschenbildes, der persönlichen Verantwortung und der Beantwortbarkeit des

---

[16] Es gibt verschiedene gute Schriften zu diesem Thema. Vielleicht kann auch das Buch: «Leiden - wozu? Biblische Impulse zur Leidbewältigung» hilfreich sein oder: «Willst du gesund werden. Gottes Wege zum Heil. Mit Unterscheidungshilfen zu alternativen Heilpraktiken.» Vgl. www.weg-verlag.ch

[17] Dazu kann das Buch: «Wozu lebe ich?» wertvolle Impulse vermitteln. Vgl. www.weg-verlag.ch

Leides. Zentral unterscheidend ist die Stellung Jesu Christi und damit die Frage nach der Erlösung beziehungsweise Selbsterlösung. Im Gespräch mit der Oikosperson wird es letztlich um die Frage gehen: Vertraust du dem Karma oder Jesus Christus?[18]

2. Zur Begegnung mit Jesus hinführen

Glaube ist kein intellektuelles unverbindliches Nachdenken, sondern das existenzielle Sich–Einlassen auf die Person Jesu Christi. So kommt irgendwann der Zeitpunkt, wo wir die Oikosperson einladen, sich auf Jesus einzulassen. Dieser Schritt ist unumgänglich. Nur wer sich auf Jesus eingelassen hat, kann Erfahrungen mit Ihm machen. Letztlich können wir nur auf Erfahrungen weiterbauen.

Sich einlassen auf die Begegnung mit Jesus

Johannes der Täufer ist Jesus begegnet. Er sieht, wie der Geist auf Jesus herabkommt und erkennt Jesus als den Sohn Gottes. *«Am Tag nach diesem Ereignis stand Johannes wieder dort, und zwei seiner Jünger standen bei ihm. Als Jesus vorüberging, richtete Johannes seinen Blick auf ihn und sagte: Seht, das Lamm Gottes! Die beiden Jünger hörten, was er sagte, und folgten Jesus.*

Jesus aber wandte sich um, und als er sah, dass sie ihm folgten, fragte er sie: Was wollt ihr? Sie sagten zu ihm: Rabbi - das heißt übersetzt: Meister -, wo wohnst du? Er antwortete: Kommt und seht! Da gingen sie mit und sahen, wo er wohnte, und blieben jenen Tag bei ihm; es war um die zehnte Stunde.

Andreas, der Bruder des Simon Petrus, war einer der beiden, die das Wort des Johannes gehört hatten und Jesus gefolgt waren. Dieser traf zuerst seinen

---

[18] Bei diesem Thema kann das Buch: «Reinkarnation und Auferstehungsglaube» notwendiges Wissen vermitteln wie auch Hinweise geben, welche geistlichen Schritte notwendig sind. Vgl. www.weg-verlag.ch

Bruder Simon und sagte zu ihm: Wir haben den Messias gefunden. Messias heißt übersetzt: der Gesalbte (Christus). Er führte ihn zu Jesus.» (Joh 1,35-42a)

Simon lässt sich auf die Begegnung mit Jesus ein und macht eine Erfahrung, die ihn tief berührt.

Verstehen, was im anderen vor sich geht

Was geschieht innerlich in einem Menschen, wenn er sich auf die Begegnung mit Jesus einlassen soll? Wie im alltäglichen Leben auch, so bringt oft die erste Begegnung mit wichtigen Personen etwas Unsicherheit mit sich. Man weiss nicht recht, was da auf einen zukommt. Ein Kribbeln im Magen stellt sich ein. Gleichzeitig können sich Widerstände oder gar Ängste in einem bemerkbar machen. «Aber!...» So kommt es zu einer Art geistlichen Kampf im eigenen Herzen.

Wenn man tief im Herzen nicht will, findet man viele Gründe, die gegen ein Einlassen auf die Begegnung mit Jesus sprechen. Jesus spricht aber auch von der Verweigerung des Sich-Einlassens: *«Mit wem soll ich also die Menschen dieser Generation vergleichen? Wem sind sie ähnlich? Sie sind wie Kinder, die auf dem Marktplatz sitzen und einander zurufen: Wir haben für euch auf der Flöte (Hochzeitslieder) gespielt und ihr habt nicht getanzt; wir haben Klagelieder gesungen und ihr habt nicht geweint. Johannes der Täufer ist gekommen, er isst kein Brot und trinkt keinen Wein und ihr sagt: Er ist von einem Dämon besessen. Der Menschensohn ist gekommen, er isst und trinkt; darauf sagt ihr: Dieser Fresser und Säufer, dieser Freund der Zöllner und Sünder! Und doch hat die Weisheit durch alle ihre Kinder Recht bekommen» (Lk 7,31-35).*

Jesus muss erfahren, was bereits Johannes erlebt hat. Während viele, insbesondere die Sünder und Zöllner, sich auf Gottes Botschaft einlassen, verschliessen sich die Pharisäer und die Gesetzeslehrer. Weil sie ihr Herz nicht öffnen wollen, finden sie dafür stets einen Vorwand.

Bei Johannes sagen sie: *«Er ist von einem Dämon besessen»*, das heisst so viel wie: Er ist geistig gestört. Ein vernünftiger Mensch kann ihn unmöglich ernst nehmen. Weil Jesus sich an die gewöhnliche Lebensweise hält, Brot isst und Wein trinkt, machen sie aus Ihm einen *«Fresser und Säufer»*. Es gilt sorgsam nicht nur auf die ausgesprochenen Gründe, sondern ebenso auf den, den genannten Gründen zugrunde liegenden, Widerstand einzugehen.

Verstehen, was in mir vor sich geht

Wer seine Oikosperson zu diesem Schritt einlädt, kann es oft genauso «kribbeln». Eine Erfahrung von Klemens Armbruster (die schon einige Zeit zurückliegt) kann helfen, diese Situation besser zu verstehen: Meine Schwester stellte ihren Eltern und uns ihren künftigen Mann vor. Es war noch eine andere Zeit damals. Wir waren alle zuhause versammelt und warteten gespannt. Pünktlich klingelte es. Meine Schwester war ganz aufgeregt. Sie öffnete die Tür und geleitete ihn herein. Dann stellte sie ihn uns vor. «Hoffentlich mögen sie ihn», hatte sie gedacht. Was würde sie tun, wenn wir ihn nicht akzeptierten und ablehnten? Sie müsste sich zwischen ihm und uns entscheiden. Da aber ihre Entscheidung schon gefallen war, war ihr Schicksal eng mit ihm verbunden. Wenn wir ihn abgelehnt hätten, hätten wir sie mit abgelehnt.

Wenn wir also den anderen einladen, sich auf Jesus einzulassen, riskieren wir mehr als eine Absage. Wir haben uns an Jesus gebunden. Was Ihn betrifft, betrifft auch uns: Wenn sie Ihn ablehnen, fühlen auch wir uns abgelehnt. Ja noch mehr: Vielleicht lehnen sie, wenn wir diese Einladung ausgesprochen haben und sie nicht darauf eingehen, auch uns ab. Eine schmerzliche Distanz kann zwischen uns entstehen.

Jesus hat auch mehrmals von diesem schmerzhaften Riss in familiären oder freundschaftlichen Beziehungen gesprochen und ihn auch selbst erfahren. *(Vgl. Lk 12,49-53; Mk 3,20-21)*. Das macht die Sache für uns risikoreich. Deshalb können auch wir ein Kribbeln oder eine Spannung in der Magengegend wahrnehmen. Auch bei uns können sich Aber–Geister melden: Soll ich wirklich eine Ablehnung riskieren? Ist es nicht besser, die Einladung zu verschweigen?

Konkrete Schritte

Wenn wir unserer Oikosperson eine Begegnung mit Jesus ermöglichen wollen, gilt es die Cursillo–Regel zu beachten: «Sprich niemals mit einem Menschen über Gott, ohne vorher mit Gott über diesen Menschen gesprochen zu haben!» Das heisst: Wir bitten den Heiligen Geist, uns zu führen und Schritt für Schritt den Weg zu zeigen.

Durch die Begegnungen mit Menschen, durch Gespräche, durch eine Not, durch eine Art Sehnsucht, ... kann Jesus unsere Oikosperson ahnen lassen, dass Er vor der Tür ihres Lebens steht. Und jetzt braucht es den einen Schritt: Ihm die Tür zu öffnen und Ihn einzuladen, in das eigene Leben zu kommen. Dazu kann eine der folgenden Möglichkeiten hilfreich sein:

- Persönliches Gebet

Wenn eine Oikosperson hin- und hergerissen ist zwischen dem Vertrauen ins Karma und dem Vertrauen in Jesus Christus, wenn sie in einer Not oder in einer Frage, … Hilfe erfahren möchte, dann können Sie ihr sagen: «In Jesus Christus ist Gott jetzt da. Wende dich Ihm zu. Sag Ihm, was du auf dem Herzen hast.»

Alfons Maria von Liguori (1696–1787) schreibt: «Sprich vertraulich und mit grenzenlosem Vertrauen zu Ihm, wie zu deinem besten Freund, der ganz von Liebe erfüllt ist. Sprich oft mit Gott – von deinem Leben, von deinen Plänen, von deinen Sorgen, von deinen Freuden und Befürchtungen – über alles, was dich bewegt …»

Vielleicht können wir mit unserer Oikosperson anfangen zu beten und sie einladen – soweit es für sie stimmig ist – die folgenden Worte nachzusprechen: «Jesus ich glaube, dass Du jetzt da bist und dass Du mich liebst. So bitte ich

Dich: Nimm mich an der Hand und führe mich. Zeig mir den richtigen Weg. Du weisst, was gut für mich ist.»

Wenn sich während des Gesprächs der Zeitpunkt abzeichnet, dass ein grösserer Schritt dran ist, kann ich der Oikosperson ein Hingabegebet mitgeben, um es durchzuarbeiten, um es später selbst zu beten oder als Vorlage für ein persönlich formuliertes Hingabegebet zu verwenden. Dazu ein Beispiel:

«Jesus, nimm mich an der Hand und führe mich. Ich vertraue Dir mein Leben an. Du kennst mich am besten. Du weisst, was gut für mich ist. Ich danke Dir, dass Du mir Dein Leben geschenkt hast. Herr Jesus, so bitte ich Dich: Komm in mein Leben und verändere mich so, wie Du mich haben willst. Ich danke Dir dafür, dass Du mich als Tochter/Sohn angenommen hast und dass Du mich künftig auf dem Lebensweg begleitest.»

Wenn sich der Zeitpunkt spontan ergibt, so dass ich meine Oikosperson konkret einladen kann, diesen Schritt zu tun; dann lade ich zuerst bewusst Gott ein und trage meine Oikosperson vor Gott. Danach lasse ich sie ein freies Gebet sprechen. Man kann so ein Gebet vorsprechen und nach dem ausgesprochenen Gebet um Gottes Kraft und Wirken im Leben unserer Oikosperson bitten.

- Glaubenskurs

Ich kann die Oikosperson auch auf einen Glaubensgrundkurs ansprechen, insbesondere, wenn in der Region ein solcher Kurs stattfindet. Dabei ist es gut, sie vorerst nur zu einem ersten Schnuppertreffen oder zur Vorstellungspredigt zu begleiten.

Wenn kein solches Angebot in der Region stattfindet, kann ich persönlich mit der Oikosperson einen Glaubensweg beginnen. Ich kann zusammen mit ihr die Vorstellungspredigt oder die ersten Kurseinheiten im Internet (vgl. www.leotanner.ch) anschauen und dann klären, ob dies der richtige nächste Schritt ist.

- Segnungsgottesdienst:

Vielleicht gibt es in der Region Angebote wie z. B. einen Segnungsgottesdienst, bei dem die Möglichkeit angeboten wird, für sich in einem Anliegen beten zu lassen und/oder einen Glaubensschritt auszusprechen. Dann bereite ich die Oikosperson auf das vor, was sie dort erwartet. Ich biete ihr die Möglichkeit an, mit ihr zum Segnungsteam zu gehen. Dies ist guter, alter Brauch der Kirche, Entscheidungsschritte mit «Paten» zu vollziehen (Taufpate, Firmpate).

Wichtig ist es, zwischen dem Reden über diesen Schritt und dem Vollzug dieses Schrittes klar zu unterscheiden. Im «Reden über» bleibt das Gespräch zwischen der anderen Person und mir. Wenn das Einlassen konkret vollzogen wird, zeigt es sich darin, dass das «Gespräch» zwischen Gott und der Oikosperson stattfindet. Sie wendet sich an Gott und erwartet von Ihm Hilfe und Antworten. Darauf kommt es an!

Fragen, oft auch Glaubensfragen haben mit bisherigen Erfahrungen zu tun. Manchmal verbirgt sich hinter Fragen ein Widerstand. Deshalb braucht es eine zweifache Fähigkeit. Erstens ein hörendes Herz, um das dahinter liegende Stück Lebensgeschichte wahrzunehmen und darauf behutsam eingehen zu können. Und zweitens das eigene Verstehen des Glaubens. Was ich verstanden und verinnerlicht habe, kann ich in Gesprächssituationen hervorholen und darlegen.

Wenn die Hindernisse für eine Begegnung mit Gott abgebaut sind, dann gilt es, die Oikosperson zu Jesus zu führen, damit sie mit Ihm in Kontakt treten und eine Beziehung zu Ihm aufbauen kann.

Fünfter Schritt: Erwachsen werden im Glauben – Frucht bringen

Noch vor wenigen Jahrzehnten hörten viele mit dem Wort «Evangelisation» und dem Wort «Mission»: gleich «Heidenmission». Damit war der Blick zum vornherein in fremde Länder gelenkt. Doch Evangelisierung hat zuerst mit uns selbst zu tun. Konkret – mit meinem persönlichen Erlösungs– und Heiligungsweg.

Zudem ist die westliche Gesellschaft selbst Missionsland geworden ist. Heiden oder heidnische Lebenshaltungen, die der Evangelisierung bedürfen, können wir also in uns wie auch in unserer nächsten Umgebung entdecken.

Nicht nur das: Wenn die Pfarrgemeinden und die Beauftragten in der Kirche nur dafür Sorge getragen, dass der kirchliche «Betrieb» möglichst reibungslos «funktioniert», können sie in die Gefahr eines «kirchlichen Atheismus» kommen. Im Zentrum steht das Funktionieren des «Betriebes» und nicht die Frage nach dem lebendigen Gott und Seinem Willen für die jeweilige konkrete Situation. Wenn in diesem Sinn eine Pfarrgemeinde «verwaltet» wird, dann kann sie weitgehend ohne Gott auskommen.

In einer solchen Situation gilt auch für Pfarrgemeindemitglieder und kirchliche Amtspersonen: «Lass dich auf Jesus, den heute Lebenden und heute Wirkenden ein!» Denn Er ist jetzt der Herr und Hirte Seiner Gemeinde. Er will jetzt sprechen und Seine Wege zeigen. Damit verändert sich etwas. Ein Glaubensweg beginnt, der auf Fruchtbarkeit angelegt ist.

1. Erwachsen werden im Glauben

Jesus hat vom Ziel, Frucht zu bringen, in mehreren Gleichnissen gesprochen: *«Hört! Ein Sämann ging aufs Feld, um zu säen. Als er säte, fiel ein Teil der*

Körner auf den Weg und die Vögel kamen und fraßen sie. Ein anderer Teil fiel auf felsigen Boden, wo es nur wenig Erde gab, und ging sofort auf, weil das Erdreich nicht tief war; als aber die Sonne hochstieg, wurde die Saat versengt und verdorrte, weil sie keine Wurzeln hatte. Wieder ein anderer Teil fiel in die Dornen und die Dornen wuchsen und erstickten die Saat und sie brachte keine Frucht. Ein anderer Teil schließlich fiel auf guten Boden und brachte Frucht; die Saat ging auf und wuchs empor und trug dreißigfach, ja sechzigfach und hundertfach. Und Jesus sprach: Wer Ohren hat zum Hören, der höre!» (Mk 4,1-9)

Jesus beschreibt vier verschiedene «Bodenarten», auf die der Same, das heisst, das Wort Gottes fallen kann. Mit diesen «Bodenarten» sind Haltungen im Herzen und Reaktionen der Menschen gegenüber der Frohen Botschaft Jesu gemeint.

Der Same, der auf den «Weg» fällt, bleibt auf der Oberfläche liegen und wird von den Vögeln aufgepickt. Die Erde ist undurchlässig. Der Same gelangt nicht in die Tiefe. Das Bild steht für Menschen, deren Herzen für Jesu Botschaft verschlossen sind. Das Bild von den Vögeln macht deutlich, dass noch andere Einflüsse am Werk sind, welche den Samen der Frohen Botschaft Jesu zerstören oder am Keimen hindern wollen. Es sind z. B. Stimmen, die den Glauben an Jesus als überflüssig oder gar als blöd darstellen.

Der Same, der auf «felsigen Grund» trifft, geht schnell auf, verdorrt aber wieder, weil ihm die «gute Erde» und darum die Nährstoffe fehlen. Das Bild steht für Menschen, die Interesse an Jesus und Seiner Botschaft haben und sich schnell begeistern lassen. Sie nehmen das Wort jedoch nur oberflächlich auf, es geht nicht in die Tiefe. Sobald diese Menschen unter Druck geraten oder in ihrem Glauben in Frage gestellt werden, wenden sie sich wieder ab.

Oder der Samen fällt auf Boden, der von «Dornen» überwuchert ist. Damit sind Menschen gemeint, die zwar offen sind für das Wort Gottes. Sie sind jedoch so verstrickt und eingebunden in ihren Alltag, dass die aufgehende Saat darin erstickt wird. Die Dornen stehen hier für Sorgen und Ängste und für Abhängigkeiten jeder Art – z.B. für materielle Güter und Hobbys, die Menschen stark in Anspruch nehmen und sie daran hindern, ihr Leben ganz vom Wort Gottes bestimmen zu lassen. Das Bild steht für solche Menschen, die wohl ahnen und begreifen, was Jesus meint, aber nicht danach leben und handeln können, weil es in ihrem Alltag keinen Platz dafür gibt.

Der Same, der auf «guten Boden» fällt, bringt reiche Frucht. Das Bild steht für Menschen, die sich ganz der Liebe Gottes öffnen, Sein Wort aufnehmen und danach handeln. Auch wenn es nur ein kleiner Teil des Samens ist, der auf guten Boden fällt, wächst darin eine riesige Ernte heran.

Glaube ist mehr als Religiosität

Damit der Same zu keinem beginnen kann, braucht es nicht religiöse Empfindungen, sondern Glauben. Religiös sind mehr oder weniger alle Menschen, wie der russische Religionsphilosoph Nikolai Berdjalew (1874-1948) bezeugt: «Der Mensch ist unheilbar religiös». Das heisst, er sucht nach etwas Grösserem. In der Religion sucht der Mensch für sich etwas Höheres. Er sucht Schutz, Hilfe oder Orientierung.

Weil er dies jedoch oft für sich selbst sucht, ist er in Gefahr «Gott» zu benutzen. Religion kann um's Ich, um's Ego kreisen. Wichtig ist, dass es mir dient. Solange «Gott» mir und meinen Interessen dient und hilft, verehre und brauche ich Ihn. Wenn «Gott» mir jedoch nichts mehr bringt, dann brauche ich auch die Religion nicht mehr.

Glaube (Offenbarung) führt auf einen anderen Weg. Hier erfährt der Mensch ein Du, ein Gegenüber, das ihn anspricht, eine Beziehung zum Menschen sucht, und dem Menschen Seine Freundschaft anbietet. Als Antwort darauf vertraut sich der Mensch diesem Du an. Er entscheidet sich, Gott und Seinen Interessen zu dienen. Dabei erfährt er, dass Gott besser für ihn sorgt als er dies selbst vermag. Hier steht Gott im Zentrum.

Religion – auch die christliche – kann auch als Kultur verstanden und gelebt werden. Sie gehört zu uns, und man kann sich je nach Bedarf ihrer bedienen. Christlicher Glaube hingegen führt in eine existenzielle Veränderung, weil man «Gottes Stimme» gehört hat und sich entschieden hat, Ihm zu folgen. Im Einlassen auf Gott beginnt der Glaubensweg.

Der «Knackpunkt»

Das Herzstück des Christentums ist nicht die Frömmigkeit. Es geht nicht darum, viel zu beten und religiöse Leistungen zu vollbringen. Solche hat Paulus vor seiner Bekehrung bis zum Perfektionismus getan. Das Herzstück ist die Beziehung zum menschgewordenen Gottessohn und unsere ganze Auslieferung an Ihn und Seinen Willen.

In der ersten Berufungsgeschichte des Neuen Testamentes lesen wir: *«Als Jesus am See von Galiläa entlangging, sah er Simon und Andreas, den Bruder des Simon, die auf dem See ihr Netz auswarfen; sie waren nämlich Fischer. Da sagte er zu ihnen: Kommt her, folgt mir nach! Ich werde euch zu Menschenfischern machen.» (Mk 1,16-17)* Nun kommt es zum eigentlichen «Knackpunkt». Simon und Andreas müssen sich entscheiden, ob sie sich auf Jesu Ruf zur Nachfolge einlassen wollen oder nicht.

Entscheidungen können unterschiedlich getroffen werden. Manchmal gibt es Spontanentscheidungen wie Liebe auf den ersten Blick. Öfters – und besonders bei lebensprägenden Entscheidungen – gibt es ein längeres abwägen. Spannend wäre es für uns zu wissen, wenn wir erfahren könnten, wie es Simon, der ja verheiratet war, und Andreas ergangen ist. Was sie alles bewegt und wie sie ihre Entscheidung getroffen haben. Doch wichtiger als dieses Wissen sind unsere eigene Entscheidung, unser Ja zur Nachfolge und unsere Hingabe an Ihn.

«Herrschaftswechsel» – Taufe

Wenn unsere Nachfolge wächst, führt dies zur Frage der Verbindlichkeit. Wenn sich die Freundschaft zwischen einer Frau und einem Mann vertieft, führt dies zur Eheschliessung: Du und kein Anderer. Wir gehören zusammen.

Die Entscheidung zum verbindlichen Mit- und Füreinander zwischen uns und Jesus geschieht in der Taufe wie Petrus denjenigen sagte, die durch seine Predigt am Pfingsttag vom «Herrn» im Herzen berührt wurden: *«Kehrt um, und jeder von euch lasse sich auf den Namen Jesu Christi taufen zur Vergebung seiner Sünden; dann werdet ihr die Gabe des Heiligen Geistes empfangen» (Apg 2,38).* Getauft sein auf den Namen Jesu bedeutet: Wir beide gehören unwiderruflich zusammen.

Paulus beschreibt den inneren Schritt der Taufe so: *«Ihr habt Christus Jesus als Herrn angenommen» (Kol 2,5b).* Christwerden bedeutet: Jesus als Herrn annehmen, sich persönlich für Ihn entscheiden, sich nach Ihm ausrichten. Christsein heisst also, mit Jesus als *seinem* Herrn leben. Dies bedeutet nicht viel für Jesus zu tun, sondern uns im Innersten Ihm und Seiner Leitung zu unterstellen.

Im Anschluss an ein Gleichnis, in dem Jesus vom Ernst der Nachfolge spricht, sagte Er: *«Darum kann keiner von euch mein Jünger sein, wenn er nicht auf seinen ganzen Besitz verzichtet» (Lk 14,33)* Stellen wir uns die Frage: Wer oder was «besitzt» mich? Welche Gedanken und welche Absichten «herrschen» in mir?

Weder Ängste, noch Trägheit, noch Schuldgefühle, noch Zweifel, noch Resignation, noch Lauheit, noch Bitterkeit, noch … sollen in uns herrschen, sondern allein die wahre Sonne unseres Lebens: Jesus Christus in Seiner unglaublich grossen und beglückenden Liebe! Deshalb ist es gut, sich zu fragen:

– Welchen Platz nimmt Jesus in meinem Leben ein? Ist Er der uneingeschränkte «Herr» in meinem Leben? Gehört Ihm alles, was mein Leben ausmacht?

- Wie zeigt sich das «Herrsein Jesu» im Umgang mit meiner Zeit und meinen Gaben, in meinen Urteilen und Ansichten?
- In welchen Beziehungen und Bereichen meines Lebens ist eine Unordnung da, welche Absichten verfolge ich darin?
- Für wen arbeite und wirke ich im Tiefsten meines Herzens? Für mich selbst oder für Jesus Christus? Dies zeigt sich meist in den spontanen Reaktionen, wenn mir Anerkennung und Ehre versagt werden.

Wenn Jesus der «Herr» meines Lebens ist, steht nicht mehr mein Ich (auch nicht das religiöse Ich) mit seinen Bedürfnissen und Ängsten in der Mitte, sondern Er in Seiner Souveränität, Güte und Heiligkeit.

Erfüllung mit dem Heiligen Geist – Firmung (Sendung)

Über die Kraft dieser Entscheidung schreibt der Prediger des Papstes, P. Dr. Raniero Cantalamessa: «Die Entscheidung 'Jesus Christus als Herrn und Erlöser anzunehmen' ist der zündende Funke, der unser Christsein von innen her belebt. Sie öffnet den Menschen, sodass der Heilige Geist machtvoll in ihn einströmen kann. Mit Jesus als seinem 'Herrn' zu leben ist unser Glück. Er ist die Sonne, die unser Leben erleuchtet.»[19]

Wenn Jesus Christus als «Herr» in allen Situationen und Bereichen im Menschen wirken kann, dann kann Er Seinen Geist ausgiessen. Damit kann der Heilige Geist mehr und mehr das ganze Sein des Menschen durchwirken, reinigen und heiligen. Er kann vielfältige Gaben und Charismen schenken.

Damit sind wir und die Oikospersonen befähigt, in Wort und Tat als wahre Zeugen Christi in Kirche und Welt zu leben. Die Firmung kann in diesem Sinn als Annahme der persönlichen Sendung in der Kirche, als «Weihe zum

---

[19] Zitat nach: Raniero Cantalamessa, Komm Schöpfer Geist. Verlag Herder 1999. S.406

allgemeinen Priestertum aller Getauften» (Weihbischof Peter Henrici, Chur) verstanden werden.

Sendung beinhaltet die Geistesgaben,[20] Charismen und die Fähigkeiten und Kompetenzen, die jemand mitbringt in den Dienst zu stellen. Durch sie «spricht» Gott und zeigt, was die Berufung dieser Person sein könnte, was sie zum Ganzen auf ihrem Gebiet und mit ihren Gaben beitragen kann.

2. Frucht bringen

Im Johannes-Evangelium sagt Jesus: *«Nicht ihr habt mich erwählt, sondern ich habe euch erwählt und dazu bestimmt, dass ihr euch aufmacht und Frucht bringt und dass eure Frucht bleibt.» (Joh 15,16).* Das Bewusstsein, von Jesus erwählt, ja persönlich von Ihm auserwählt worden zu sein, lässt uns das Glück, das Geschenk, die Bevorzugung dieser Erwählung erahnen.

Wenn jemand zum Beispiel dazu auserwählt worden ist, sein Land bei den Olympischen Spielen zu vertreten, dann wird seine ganze Einstellung zu diesem Ereignis anders sein als die einer Person, welche die Spiele nur als Zuschauer besucht. Er wird in einer aufopfernden Hingabe sich auf dieses Ereignis vorbereiten. Er will sein Bestes geben, um seinem Land Ehre zu machen und persönlich Erfolg zu haben.

Wer in dieser Haltung, mit den ihm anvertrauten Gaben und Charismen Gott und den Menschen dient, wird nicht unbedingt Erfolg haben, dafür aber reiche Frucht bringen. Frucht beinhaltet ein Doppeltes: Einmal bedeutet Frucht *ein verwandeltes* Leben, das andere nährt und belebt. Wie eine reife Frucht als Nahrung dient, so soll unser Leben das Gute und Heile in anderen nähren.

Wie Frucht aussieht, hat Paulus so beschrieben: *«Die Frucht des Geistes aber ist Liebe, Freude, Friede, Langmut, Freundlichkeit, Güte, Treue, Sanftmut und*

---

[20] Eine Hilfe die eigenen Charismen zu entdecken findet sich in: «Leben aus dem Geist» Jesu Werk weiterführen, WeG Verlag (S. 111-119)

Selbstbeherrschung» (Gal 5,22-23a). Von Menschen, in denen die Frucht des Geistes gewachsen ist, «strömt» etwas aus, wie Jesus sagt: *«Aus seinem Inneren werden Ströme von lebendigem Wasser fließen» (Joh 7,38),* die andere Menschen aufbauen und beleben.

Eine reife Frucht enthält (in der Regel) *Samen für neues Leben.* Frucht bringen bedeutet weitergeben, was man selber empfangen hat. Den Samen des Wortes Gottes und des Glaubens auszusäen und für ihr Wachstum besorgt sein. Mit anderen Worten: in den Dienst des Evangeliums zu treten. So bringt ein Mensch Frucht für die Ewigkeit.

Drei Bekehrungen

Zum Fruchtbringen – wir können auch sagen zum Erwachsenwerden im Glauben – gehören drei Bekehrungen: Erstens: *die Bekehrung zu Jesus Christus.* Wir leben in einer persönlichen Beziehung mit Ihm. Wir nehmen das Evangelium als Richtschnur unseres Lebens an.

Jesus Christus hat von Anfang an Seine Jüngerinnen und Jünger auch in eine Gemeinschaft untereinander gerufen. Das ist der zweite Wachstumsbereich: die *Bekehrung zur Gemeinschaft*, zu einer konkreten Gemeinde, zur Kirche. (Dem ist das folgende Kapitel gewidmet).

Christsein hat wesentlich mit Sendung zu tun. Darin besteht der dritte Wachstumsbereich: *die Bekehrung zum Dienst*, die Annahme der Sendung. Im kirchlichen Kontext können wir dies das «Ja zur Firmung» nennen.

Phasen des Weges im Überblick

Ein systematischer Überblick kann uns helfen, den Weg der Evangelisierung, und damit des Fruchtbringens, besser zu verstehen:

- Ablehnung alles Übernatürlichen
- Religiöses Interesse

- Interesse am christlichen Glauben
- Bereitschaft, das Evangelium zu hören
- Persönliches Betroffensein, aber noch sind Widerstände da
- Sich einlassen auf eine Beziehung mit Jesus: Umkehr
- Entscheidung für Jesus: Tauferneuerung, Lebensübergabe
- Erfüllung mit dem Heiligen Geist
- Neue Prioritäten im Leben
- Eingliederung in eine verbindliche christliche Gemeinschaft
- Sehnsucht, mit seinen Gaben anderen zu dienen: Evangelisation
- Fortlaufendes geistliches Wachstum

Dieses geistliche Wachstum führt zu einem erfüllten und fruchttragenden Christsein. Dieser Weg wird oft Heiligung (Heilwerden, Heiligwerden) genannt. Leben wächst und verändert sich, oder es stirbt ab. Das gilt auch für unser geistliches Leben.

Glaube beginnt mit dem Sich-Einlassen auf die Beziehung mit Jesus Christus, auch Nachfolge und Umkehr genannt. Das Wachsen in der Nachfolge führt zum «Herrschaftswechsel» und als Folge davon zur Erfüllung mit dem Heiligen Geist. Dieser schenkt vielfältige Gaben und Charismen, führt in den Dienst und bewirkt reiche Frucht durch die «dauernde» Umkehr und Heiligung des Lebens.

Zur Evangelisierung gehören nicht nur die Anfangsschritte im Glauben, sondern das Hineinwachsen in die ganze Fülle des Christseins, das Wachsen in Heiligung und Heiligkeit.

Sechster Schritt: Heimat finden – Christus in der Kirche lieben

Ein jüdischer Grossvater sitzt mit seinem Enkel im Park einer grossen Kirche. Der Kleine fragt ihn: «Was ist das für ein grosses Haus?» «Nun, das ist eine Kirche!» Der Kleine: «Und was ist eine Kirche?» «Hmm – die Christen sagen, da wohnt der liebe Gott!» «Aber der wohnt doch im Himmel!» «Recht hast du! Aber da drinnen hat er sein Geschäft!»

So kann von aussen die Kirche wahrgenommen werden. Doch die Kirche ist weit mehr als ein Geschäft. Sie ist die Familie Jesu. Sie ist das Kleid Jesu Christi, in dem dieser heute den Menschen Sein Heil schenkt.

1. Heimat finden

Der christliche Glaube ist von der Überraschung geprägt, dass Gott Mensch geworden ist und damit berührbar wird. Im Mensch Jesus von Nazaret kommt Gott zu uns. Er hat einen Körper angenommen und sich so mit unserem Menschsein in allem solidarisiert.

Diese Nähe und Berührbarkeit Gottes in Jesus von Nazaret ist durch Seinen Tod nicht zerstört worden. Sie hat nur eine neue Form erhalten, denn Jesus ist vom Tod auferstanden und lebt unsichtbar weiter. Gott hat Ihm einen neuen Leib geschaffen, in den Schwestern und Brüdern, die sich Ihm geöffnet und sich in der Taufe mit Ihm verbunden haben. In ihnen lebt und wirkt Er weiter. So entstand ein neuer Organismus, ein neuer Leib: der Leib Jesu Christi.

Die Inkarnation (Fleischwerdung) Gottes wird durch die Kirche in gewisser Weise fortgeführt, denn Ihm (Jesus Christus) hat der Vater alles *«zu Füßen gelegt und ihn (Jesus), der als Haupt alles überragt, über die Kirche gesetzt. Sie ist sein Leib und wird von ihm erfüllt, der das All ganz und gar beherrscht» (Eph 1,22-23).* In diesem Leib wirkt Jesus mit Macht und Autorität.

Die Brücke zur Pfarrgemeinde

Wenn die Oikosperson Ja zu Jesus Christus gesagt hat, geht der Weg weiter. Nach und nach wird unsere Oikosperson das Beziehungsnetz des Leibes Jesu Christi, die Kirche kennen lernen. Dieses Kennenlernen und Heimat finden in der Kirche wird unterschiedlich sein. Oft geschieht dies zuerst in einer Glaubensgruppe. Dort wird das neue Mitglied willkommen geheissen und so angenommen, wie es ist. Die Gruppe wird auf dieses neue Mitglied Rücksicht nehmen, damit es nicht überfordert wird. Das kann sich in den Themen, in der Sprache (keine theologische Fremd– oder Insidersprache) und im Gebet zeigen.

In der Gruppe erfährt die Oikosperson neue Freundschaftsbeziehungen. Das «christliche Beziehungsnetz» erweitert sich. Und damit kommt nach und nach etwas Neues in den Blick, denn die Mitglieder der Kleingruppe gehören zur Kirche und engagieren sich vor Ort in der Pfarrgemeinde. Das stellt die Oikosperson vor eine neue Herausforderung: die Beziehung zur Kirche.

Vielleicht wird sie Fragen stellen oder aber auch Unverständnis und Enttäuschungen über die Kirche aussprechen: Wie kannst du (ein so toller Typ) zu dieser Kirche gehören? Dann sind wir gefordert, ihr den Weg zur Kirche zu ebnen, durch hilfreiche Erklärungen, das persönliche Zeugnis und durch unser Mitgehen.

Wenn die Oikosperson den Wunsch äussert, in den Gottesdienst mitzukommen, wo die Gruppe hingeht, ist auf Art und Atmosphäre des Gottesdienstes zu achten. Ist dieser eine Eucharistiefeier, dann werden wir ihr vorgängig erklären, um was es geht. Wir werden ihr sagen, wann wir sitzen, aufstehen und knien und auch weshalb. Weiter werden wir die Frage des

Kommunionempfanges besprechen.[21] Anschliessend werden wir die Oikosperson fragen, wie sie sich gefühlt hat, was für sie schwierig war und ob sie eventuell wieder einmal mitkommen möchte.

Wenn bei der Oikosperson das Interesse wach wird, mehr von der Kirche und ihren Sakramenten zu verstehen, werde ich für gute Lektüre besorgt sein.[22] Und dann werde ich bei Gelegenheit wieder nachfragen und ihr nach Bedarf notwendige Erklärungen geben.

Eigene Erfahrungen reflektieren

Wenn wir unsere Oikosperson zur Kirche vor Ort und damit auch zur weltweiten – katholischen Kirche führen wollen, kann unsere Beziehung zur Kirche für sie prägend werden. Darum ist es gut, unsere Erfahrungen und Prägungen durch die Kirche uns bewusst zu machen: Welche Personen oder Ereignisse waren mir im Zusammenhang mit der Kirche wichtig? Mit welchen Personen verbinde ich Kirche? Wie erlebe ich diese Menschen?

Um mögliche Prägungen und Urteile zu erkennen, können wir uns fragen: Welche Empfindungen «stossen» in mir auf wenn, ich z. B. das Wort «Papst» höre? Sind es Gefühle von Freude, Liebe, Stolz, Bewunderung oder steigen eher Empfindungen wie Ärger, Ablehnung, Unmut in mir hoch?

Wichtig ist es, diese Prägungen zu erkennen. Denn ohne diese Erkenntnisse kann schwerlich ein Heilungs– oder neuer Orientierungsprozess beginnen. Es kann auch keine objektive Sichtweise wachsen und keine gesunde Kirchenidentität gelebt werden. Wir alle müssen im Verlauf unseres Lebens eine kritische Distanz zu unserer Erziehung und ihren Werten gewinnen. Nur so

---

[21] Wenn dieses Gespräch zeigt, dass der Kommunionempfang nicht angemessen ist, werden wir sie darin solidarisch begleiten. Wo es z. B. üblich ist, dass auch Erwachsenen, welche die Heilige Kommunion nicht empfangen, nach vorne gehen und ihre Hände gekreuzt vor die Brust halten und dann einen Segen empfangen, werden wir aus Solidarität mit ihr dies auch tun oder nicht zur Kommunion gehen.

[22] Dazu eignet sich aus dem WeG Verlag: «Christus in der Kirche. Katholische Schätze entdecken.»

können wir unsere eigenen Werte entdecken und leben. In diesem Prozess kann uns auch bewusst werden, was wir in der Kirche suchen.

Eigene schlechte Erfahrungen mit Vertretern der Kirche können Verletzungen in uns verursacht haben. Hinzu können auch persönliche Schwierigkeiten mit einer ganz konkreten Praxis oder Situation vor Ort, in der Bistumsleitung oder in Rom kommen. Das führt auch zur persönlichen Frage: Wieweit bin ich beheimatet? Welche Fragen zur Lehre der Kirche oder ihrer Praxis habe ich selbst? Gibt es Richtlinien, mit denen ich mich schwer tue und die ich nicht verstehe, weil sie das eigene Leben oder das von anderen schmerzlich berühren. Hier ist Versöhnung mit der Kirche angesagt, ein Prozess, der nicht immer einfach ist.

Noch cin Hinweis: In unserem Umgang mit der Oikosperson haben wir gelernt, nicht nur das Ausgesprochene ernst zu nehmen, sondern mehr noch das, was sie/ihn zu dieser Aussage bewegt hat. Damit vollziehen wir stets einen Positionswechsel. Wir versetzen uns in die Situation des Anderen und versuchen aus ihrer Optik die Situation wahrzunehmen. Dieselbe Haltung kann uns unter Umständen helfen, Aussagen der Kirchenleitung besser zu verstehen: Was motiviert den Papst, den Bischof, die Kirche zu dieser Aussage? Was ist die Absicht und ihr Ziel?

Zur Reflexion über die Kirche gehört wesentlich die Frage: Was ist mir durch die Kirche alles geschenkt worden? Wenn wir nachdenken, können wir vieles entdecken: die Bibel, der Glaube, Vorbilder (Heilige), Gemeinschaft, die Sakramente, … und vieles mehr. Bin ich dankbar dafür?

Wenn wir unsere eigenen Erfahrungen mit der Kirche betrachten, werden wir entdecken, dass die Liebe zur Kirche und das innere Ja zu den Wahrheiten der Kirche ein Wachstumsweg ist. Jesus selbst spricht von einem solchen Prozess: *«Noch vieles habe ich euch zu sagen, aber ihr könnt es jetzt nicht tragen. Wenn aber jener kommt, der Geist der Wahrheit, wird er euch in die ganze Wahrheit führen.» (Joh 16,12).* Hier zeigt sich: Die Aneignung und das Erkennen der Wahrheit geht schrittweise voran.

Kirche – umfassende Heimat

Kirche ist mehr als unsere Vorstellungen, als unsere Kultur und unsere Erfahrungen. Darauf weist der Begriff «katholisch» hin: die Kirche ist weit und umfassend, weil sie alle einschliesst, die Jesus Christus nachfolgen. In ihr haben alle Sprachen und Kulturen und eine Vielfalt von Bewegungen und Gemeinschaften Platz.

So gibt es verschiedene sichtbare Formen von Gemeinschaft: Orden, geistliche Bewegungen, Hausgruppen, Bibel- und Gebetskreise, Dienstgruppen, Räte, Vereine, Initiativgruppen, Selbsthilfegruppen, und vieles andere mehr. Es gibt verschiedene spirituelle Ausrichtungen, die aus der Fülle der Kirche aus den je eigenen Quellen trinken.

Da können wir unsere Oikosperson nur zu Quellen hinführen, aus denen wir selbst trinken. Da jeder nur ein Glied am Leib Christi ist, kann niemand allen alles geben. Zum Weiterwachsen braucht unsere Oikosperson die Erfahrungen und Unterstützung von Christen, die ihrem Alltagleben nahe sind. An solche Personen werden wir sie weiterleiten. Das ist Kirche.

2. Christus in der Kirche lieben

Im Gespräch mit der Oikosperson über die Kirche gilt es zu verstehen, was sie mit dem Wort «Kirche» verbindet und welche Erfahrungen sie mit «Kirche» gemacht hat.

Was ist mit «Kirche» gemeint

Das Wort «Kirche» kann ganz unterschiedliche Assoziationen, Gedanken und Vorstellungen in uns auslösen. Wenn jemand fragt: «Gehst du zur Kirche?» –

dann ist mit «Kirche» der Gottesdienst gemeint. Mit «Kirche» bringen manche Veranstaltungen, Kirchenbazare, Jugendgruppen, usw. in Verbindung.

Andere denken beim Wort «Kirche» an die Kirchenamtlichen. «Kirche» sind dann die Pfarrer, die Bischöfe, der Papst, die Katechetinnen, Mönche und Nonnen, die römische Kurie, usw…

Wieder andere verstehen darunter die Konfessionen: Es gibt die katholische, die evangelische, die methodistische, die anglikanische Kirche, Freikirchen und verschiedenste kirchliche Gruppierungen.

Für andere ist die Kirche ein kulturelles Gut unserer Gesellschaft. Es gibt einige Anlässe, an denen man die Kirche besucht und ihre Rituale schätzt: bei Taufe, Erstkommunion, Firmung, Hochzeit und Beerdigung. Ja, und manchmal ist auch ein Weihnachtsgottesdienst wichtig, der die weihnachtliche Stimmung fördert.

Für andere ist die Kirche von architektonischer oder kunsthistorischer Bedeutung. Sie bewundern die vielen prächtigen Bauwerke mit all den kunstvollen Glasfenstern, die vielen wunderbaren Malereien und die unzähligen wertvollen Kunstschätze. Für viele ist vor allem auch der hohe Reichtum an Kirchenmusik eine Quelle seelischer Freude.

Wenn die Oikosperson von «Kirche» spricht, ist es hilfreich zurück zu fragen, was sie damit meint. Wir können dann besser erkennen, welche Erfahrung sie mit Kirche in Verbindung bringt.

Kirche ist menschlich und göttlich.

Zum Verständnis der Kirche kann der folgende Vergleich dienen: Die Kirche ist mit einer Person vergleichbar. Bei einer Person sehen wir zuerst das Äussere, das auf uns sympathisch oder eben unsympathisch wirkt. Doch das Wesentliche eines Menschen – seine Seele, sein Herz, sein Wesen – ist nicht sichtbar.

Vergleichbar ist dies auch bei der Kirche. Das ist seine Seele, sein innerstes Geheimnis.

Die Kirche hat eine menschlich-sichtbare Seite durch die Menschen, die zur Kirche gehören. Mit uns Menschen hat die Kirche darum mit allen Schwächen, Fehlern und Dunkelheiten, die unser Menschsein ausmachen. So ist die Kirche immer auch eine Kirche der Sünder. Diese dunkle, menschliche Seite der Kirche spüren wir oft an uns selbst und an vielem, was uns an und in der Kirche stört.

Nach einer Predigt kam ein Zuhörer zum Pfarrer und sagte: «Ich kann mich einfach nicht entschliessen, einer der mir bekannten Gemeinden beizutreten, denn in jeder Gemeinschaft sehe ich so viel Unvollkommenes.» Darauf antwortete der Pfarrer: «Freund, du hast Recht, keine Gemeinde ist vollkommen; und solltest du jemals eine vollkommene Gemeinde finden, so wird sie sich weigern, dich aufzunehmen, denn sobald sie dich aufgenommen hätte, würde sie aufhören, vollkommen zu sein.»

Der Leib Jesu Christi, die Kirche, hat auch eine göttlich-unsichtbare Seite, Jesus Christus, der das Haupt dieses Leibes ist. Er ist nicht nur das Haupt Seiner Kirche, Er ist das Wesen, der Geist und das Leben der Kirche.

Es ist wichtig, dass wir uns dem Geist Jesu, dem Heiligen Geist, öffnen und Ihn wirken lassen. Dies gilt für die gesamte Weltkirche wie auch für jede Gemeinde und alle Gemeinschaften. Wo wir uns Ihm innerlich verschliessen, wo wir unseren eigenen Vorstellungen nachgehen, wo wir unsere eigenen Pläne durchsetzen wollen, da verliert jede Gemeinde an Lebendigkeit.

Nur der Heilige Geist macht die Kirche lebendig. Nur durch diese Kraft werden wir lebendige, Freude verbreitende und begeisterungsfähige Glieder an diesem Leib. Das tragende Mysterium (Geheimnis) der Kirche ist und bleibt Jesus Christus im Heiligen Geist.

Christus in der Kirche sehen

Wir versuchen unsere Oikosperson zum Geheimnis der Kirche hinzuführen, indem wir sie einladen «Christus in den Blick» zu nehmen. Wenn wir nicht mehr nur auf das äussere Kleid unsere Optik richten, sondern auf die Person im Kleid, dann können wir Jesus Christus entdecken und zwar:

– *Christus in der Bibel:* Wenn wir die Bibel lesen oder hören, geht es nicht nur um mehr oder weniger interessante Texte. Es geht vielmehr darum, durch das Wort der Heiligen Schrift auf Jesus Christus zu hören.

– *Christus in den Sakramenten:* In den Sakramenten handelt und wirkt Jesus Christus. So sagt auch das Zweite Vatikanische Konzil: «Gegenwärtig ist er mit Seiner Kraft in den Sakramenten, sodass, wenn immer einer tauft, Christus selbst tauft» (Konstitution über die heilige Liturgie, Nr. 7).

– *Christus im Gesandten:* Jesus sagte zu Seinen Jüngern: *«Wer euch hört, der hört mich, und wer euch ablehnt, der lehnt mich ab;...»(Lk 10,16).* Jesus ist in Seinen Beauftragten gegenwärtig und spricht durch sie.

So gilt z. B. eine Verneigung vor dem Papst nicht dem Menschen, der dieses Amt innehat, sondern Jesus Christus in ihm. Ebenso, wenn in einem Hochamt die Bibel, der Priester oder das Volk mit Weihrauch beweihräuchert werden, so wird dadurch dem in den Dingen und Personen gegenwärtigen Christus die Ehre gegeben.

– *Christus in den Charismen:* In der Kirche wirkt Jesus Christus in der Kraft Seines Geistes auch heute in vielfältiger Weise. Er handelt in Erkenntnissen, in kraftvollen Worten, helfenden und heilenden Taten. In charismatischen Menschen offenbart Jesus den Charme des Heiligen Geistes.

– *Christus in den Heiligen:* Die Heiligen sind nicht ausserordentliche Persönlichkeiten, deren menschliche Fähigkeiten wir bewundern können. Vielmehr lebt Jesus Christus in ihnen, Seine Kraft, Seine Freude und Liebe strahlt durch sie.

– *Christus in der Liturgie:* In der Liturgie geht es nicht in erster Linie um gut organisierte und schöne Gottesdienste, sondern um Begegnung mit dem Auferstandenen. Der Hauptwirkende ist Jesus Christus im Heiligen Geist. Liturgie gestalten heisst deshalb, mitzuhelfen, dass Jesus Christus in Kraft handeln und wirken kann!

Die Kirche lieben

Wenn wir Christus in der Kirche sehen, können wir noch einen Schritt weiter geführt werden – nämlich: Die Kirche mit dem Herzen Jesu zu lieben. Was das bedeutet, kann uns das folgende Erlebnis des Jesuitenpaters Mario von Galli zeigen:

Vor einem halben Jahr sollte ich in Düsseldorf über das Thema: «Mut, Kirche zu sein» sprechen. Ich hatte mich sehr intensiv vorbereitet, doch war dabei nichts Brauchbares herausgekommen. Da bekam ich ganz unverhofft «von oben» einen Tipp.

Ich war bereits im Zug Richtung Norden. Da trat ein Mann in mein Zugabteil. Dieser Herr war der Inbegriff eines eleganten Mannes. Wie der angezogen war! Sein Deutsch war ohne Akzent, seine Sprache perfekt und gebildet. Später habe ich ihn ebenso perfekt und vollendet in anderen Sprachen reden gehört. Ich fragte mich, wer dieser Herr wohl sei. Ich bewunderte ihn, weil er so natürlich wirkte, nichts Gespieltes, Überhebliches an sich hatte.

Später trat eine Frau ein, die ihn offensichtlich begleitete. Sie war das pure Gegenteil, ein fürchterliches Weib; klein, und hässlich! Die Haare waren völlig vernachlässigt, ungepflegt und wirr. Sie setzte sich mir gegenüber, d.h. sie sass nicht, sie lümmelte. Ich sah ihre Finger, ich sah ihre Zähne … Sie wirkte so unsympathisch und abstossend, dass ich willkürlich die Augen schloss. Aber der Herr war zu ihr voll echter Freundlichkeit. Als der Service-Angestellte vorbeikam, kaufte er ihr ein Getränk und überreichte es ihr – einer Königin hätte man es nicht schöner überreichen können. Später holte er ihr ein Essen und servierte es in unüberbietbarer Höflichkeit. Es war schlicht unglaublich. Ich fragte mich nach dem Grund dieser tiefen Achtsamkeit – war es Liebe?

Nachher begegneten wir Männer uns im Gang und schauten zum Fenster hinaus. Eine Zeitlang sprachen wir nichts, doch dann konnte ich es nicht lassen und bemerkte: «Irgendwie müsste man ihr schon etwas Anstand beibringen». Das sagte ich eher so vor mich hin. Und doch antwortete er ebenso leise: «Sie haben Recht, doch man muss ihr das in keiner Weise von aussen aufzwingen. Sie muss das von innen her leben. Und ich bin überzeugt, sie wird es eines Tages auch schaffen».

Noch etwas verwirrt setzte ich mich wieder in unser Abteil. Da, plötzlich schoss es mir durch den Kopf: Das ist ja auch genau dein Problem! Darüber musst du heute Abend reden! Das «Weib» versinnbildlicht die Kirche! Und der Gentleman ist mit Jesus Christus zu vergleichen! Jetzt wusste ich genau, was ich zu sagen hatte. Auch wenn alle Zuhörer dort tausend Gründe gegen die Kirche vorbringen werden, dann werde ich sagen: «Sie können noch lange so weiter kritisieren, doch eines steht fest und ist unbestreitbar – Jesus liebt diese Kirche. Und dies ist für mich Anlass, dass auch ich sie liebe. Er liebt sie, sie ist Seine Kirche, sie ist Seine Auserwählte!»

Wenn ein Kind geboren wird, wird es automatisch ein Teil der Menschheitsfamilie. Zugleich wird es ein Mitglied einer ganz konkreten Familie, wo es Heimat erfährt. Diese Familie ernährt das Kind und zieht es gross, damit es wächst und selbständig wird. Das Gleiche gilt hier: Wenn jemand eine Beziehung mit Jesus Christus eingeht, erweitert sich das Beziehungsnetz. Der Leib Jesu, die Kirche, kommt in den Blick, weil Jesus einen sichtbaren Körper hat. In der Familie Gottes soll unsere Oikosperson Heimat erfahren und sich mit ihren Gaben und Charismen einbringen können.

Zum Evangelisierungsweg gehört die Beheimatung und das Leben mit der Kirche sowie das Hineinwachsen in die Liebe Jesu zu Seiner Kirche.

Schlussgedanke

Eine alte Legende erzählt: Jesus kam in den Himmel zurück. Die Engel sahen die Wundmale Seines Leidens und des Kreuzestodes. Sie waren sehr betroffen.

Da sagte der Engel Gabriel zu Ihm: «Herr, wie musst Du dort unten für die Menschen gelitten haben!» «Ja», sagte Jesus. Da fragte Gabriel weiter: «Wissen auch alle Menschen, wie sehr Du sie geliebt hast, und was Du für sie getan hast?» «Oh nein», erwiderte Jesus, «Noch nicht. Jetzt wissen erst ein paar Menschen in Palästina davon.»

Da frage Gabriel: «Was hast Du getan, damit es alle erfahren?» Jesus antwortete: «Ich habe Petrus, Jakobus, Johannes und noch einige Männer gebeten, ihr ganzes Leben darauf zu verwenden, anderen Menschen von mir zu erzählen, bis die Menschen im fernsten Umkreis erfahren, was ich für sie getan habe.»

Gabriel sah Jesus zweifelnd an, denn er wusste um die Schwachheit der Menschen. So sagte er; «Ja, aber was geschieht, wenn die Menschen dort unten im einundzwanzigsten Jahrhundert nichts mehr von Dir erzählen? Willst Du Deinen Plan nicht ändern?» Da schaute Jesus Gabriel sehr ernst an und sagte: «Ich werde meinen Plan nicht ändern. ICH VERLASSE MICH AUF SIE.»

Printed by Books on Demand GmbH, Norderstedt / Germany